社會不像學校那麼有耐心，它不會像在學校一樣讓你慢慢學習，慢慢地幫助你成長。

在這個人才濟濟的社會裡，如果你成長得太慢，能力不夠，

極有可能被那些比你「成熟」的人替代。

20幾歲，
Real Happiness for Twenty Something
早知道早幸福

幸福
Happiness

侯紀文 編著

你覺得自己是有能力，
可是在這個社會上的種種經歷都告訴著你：你沒有能力。
於是，你也忍不住問自己：我真的有能力嗎？

當你步入這個社會時，無論你是否想長大，是否已做好準備，
是否能獨立，從現在開始，很多事情都不得不自己去面對。
不要把你的學歷當成績來累積自己工作與事業的經驗，
用一個個微小的成績做起，

不要成為那些「懷才不遇式」的悲劇人物。

全方位學習系列：33

20幾歲，早知道早幸福

編　　著	侯紀文
出 版 者	讀品文化事業有限公司
執行編輯	林美娟
美術編輯	林于婷
社　　址	22103　新北市汐止區大同路三段 194 號 9 樓之 1
	TEL／(02)86473663
	FAX／(02)86473660
總 經 銷	永續圖書有限公司
劃撥帳號	18669219
地　　址	22103　新北市汐止區大同路三段 194 號 9 樓之 1
	TEL／(02)86473663
	FAX／(02)86473660
E－m a i l	yungjiuh@ms45.hinet.net
網　　址	www.foreverbooks.com.tw
法律顧問	中天國際法律事務所　涂成樞律師、周金成律師
CVS代理	美璟文化有限公司
	TEL／(02)27239968
	FAX／(02)27239668
出 版 日	2012年03月

Printed Taiwan, 2012 All Rights Reserved

國家圖書館出版品預行編目資料

20幾歲,早知道早幸福 / 侯紀文編著.
　-- 初版. -- 新北市：讀品文化,民101.03
　　面；　公分. -- (全方位學習系列；33)
　　ISBN 978-986-6070-26-6(平裝)
　　1.成功法　2.自我實現

177.2　　　　　　　　　　　　　　　　　100027670

前 言

當今社會，一切均在不斷的發展變化之中，而且發展變化的速度在不斷加快。扎實的專業基礎和較強的學習能力已成為時代的必然要求。有必要樹立終身學習的觀念，不斷給自己「鍍金」，這樣才能適應社會發展需求，應對未來的挑戰。

我們所賴以生存的知識、技能和車子、房子一樣，會隨著歲月的流逝不斷折舊。美國職業專家指出，現在職業半衰期越來越短，所有高薪者若不繼續學習，不用5年就會變成低薪。當10個人中只有1個人擁有電腦初級證書時，他的優勢是明顯的；而當10個人中已有9個人擁有同一種證書時，那麼原來的優勢便不復存在。

年輕人只有透過學習超越以往的表現，才能夠得到發展。反之，如果我們沉溺在對昔日以及現在表現的自滿中，學習以及適應能力的發展便會受到阻礙。人生如逆水行舟，不進則退，不管你曾經多麼成功，你都要對自己的成長不斷投注精力，如果不這麼做，你自身的競爭力將無法有所突破，甚至會慘遭淘汰。

在某個鐘錶廠，有一位工作非常賣力的工人，他的任務就是在生產線上給手錶裝配零件。這件事他一做就是10年，操作非常熟練，而且很少出過差錯，幾乎每年的優秀員工獎都屬於他。

可是後來企業新增加了一套完全由電腦操作的自動化生產線，許多工作都改由機器來完成，結果他失去了工作。他本來的學歷就不高，在這10年中又沒有學習其他技術，對於電腦更是一竅不通，一下子，他從優秀員工變成了多餘的人。

在他離開工廠的時候，廠長先是對他多年的工作態度讚揚了一番，然後誠懇地對他說：「其實引進新設備的計畫我在幾年前就告訴你們了，目的就是想讓你們有個準備，去學習一下新技術和新設備的操作方法。你看和你做同樣工作的小胡不僅自學了電腦，還找來了新設備的說明書進行研究，現在他已經是車間主任了，我並不是沒有給你時間和機會，但你都放棄了。」

從這個故事中可以得到一些啟示：新設備、新技術、新方法能幫助企業提高好幾倍的工作效率，這種更新替換是誰也阻止不了的。如果你不注意更新自己的知識，甚至停止學習，那麼最終你只能被淘汰。

皮特‧詹姆斯現在是美國ABC晚間新聞的當紅主播。在此之前，他曾一度毅然辭去人人羨慕的主播職位，到新聞的第一線去磨煉自己。他做過普通的記者，擔任過美國電視網駐中東的特派員，後來又成為歐洲地區的特派員。經過這些歷練後，他重新回到ABC主播台的位置。而此時的他，已由一個初出茅廬略微有點生澀的小夥子成長為成熟穩健又廣受歡迎的主播兼記者。

皮特‧詹姆斯最讓人欽佩的地方在於，當他已經是同行中的優秀者時，他沒有自滿，而是選擇了繼續學習，使自己的事業再攀高峰。

一名成功的人無論自己處於人生的哪個階段，都會把不斷學習當成自己的一項重要習慣。因為他們清楚自己的知識對於以後的人生路程而言是很有價值的，正因為如此，他必須好好自我監督，不能讓自己的技能落在時代後頭。

當你取得一點小的成就時，要加倍地努力學習；當你覺得自己在原地踏步，沒有成就時，那你更要加緊自己學習的進度，否則下一個被社會淘汰的就將是你。

《20幾歲，早知道早幸福》以有趣的故事和生動的

說明，闡述20歲就定位的重要性，讓你瞭解，社會不會等待你慢慢成長，不要企圖有多麼好的差事多麼高的薪水等待著你。有很多人抱怨自己學有所成卻總是得不到別人的認可；也有很多人抱怨自己運氣不佳，總是找不到理想的工作；更有一些人終日憤憤不平，與自己同時走出校園的同學為什麼能很快得到提升，而自己還在原地踏步。

面對生活的不如意，我們總是抱怨環境，抱怨命運，可是我們忘記了，真正決定我們生活的，並不是命運，而是我們自己。

第一章　打造你的人格魅力

第二章　拔除身上的「刺」

第三章　隨時表現你的修養

第四章　表面功夫要做足

CHAPTER 1
打造你的人格魅力

鍛煉你的熱情，和你每天的體能運動一樣重要。

如果你想打造你的人格魅力，想讓陌生人喜歡你、尊敬你、接受你，

就熱情的對待他人吧！

快樂的人永遠受歡迎

快樂的人是帶給我們笑聲和好心情的朋友。在生活中,這些能給他們帶來歡樂的朋友尤其珍貴。沒有他們,生命的光芒似乎減弱了不少。想一想,是不是有時候你原本在因為一點小事心情鬱悶,看什麼都不順眼,然而就是因為朋友的一個玩笑讓你心頭的陰暗一掃而空,開開心心地笑了。

小劉有一位在醫院工作的朋友老吳,此人30歲才交了第一個女朋友。他住在鄉下,父母均靠種地為生,鈔票兩字當然只能看自己的能耐了,兩人的薪資也不高,照理那本生活的「經」是相當難念的,可是他的情緒沒一天不好。有一次,小劉去參觀他的小屋,一進門,一尊彌勒佛首先敞懷對著他們,手一碰便咯咯笑個不停。牆上有幅提字老吳說是自己寫的,竟稱「日進斗金」。玻璃台板下壓著一張四位女人的合照,全以大簇櫻花為背景,邊上有行小字,既點題

又有趣：「櫻花與當代四大美人。」小劉見四人雖然五官端正，但都並不標緻，偷問：「四位何許人也？」笑曰：「我娘，我兩個姐姐，還有一個是我的準夫人，這不是四大美人？」

與老吳這樣的人在一起，你想不快樂也很難啊！他們往往是朋友的開心果，這類朋友最能讓人獲得身心的愉悅，因為他們走到哪兒，笑聲就傳播到哪兒。

快樂的人由於自己內心充溢著快樂，所以他們也有能力給身邊的人帶來快樂，成為朋友的開心果。其實，在我們每個人身邊都存在著這樣的開心果，他們在不利與艱難的困境中百折不撓，設法把每一件不幸的事情都看成是獲得快樂的機會。

傑里是飯店經理，他的心情總是很好。當有人問他近況如何時，他都回答：「我快樂無比。」

如果哪位同事心情不好，他就會告訴對方怎麼去看事物好的一面。他說：「每天早上，我一醒來就對自己

說，傑里，你今天有兩種選擇，你可以選擇心情愉快，也可以選擇心情不好，我選擇心情愉快。每次有壞事情發生，我可以選擇成為一個受害者，也可以選擇從中學些東西，我選擇後者。人生就是選擇，你要學會選擇如何去面對各種處境。追根究柢，由你自己選擇如何面對人生。」

有一天，他被三個持槍的歹徒攔住了，歹徒朝他開了槍。幸運的是，由於發現較早，傑里被送進了急診室。經過18個小時的搶救和幾個星期的精心治療，傑里出院了，只是仍有小部分彈片留在他體內。

6個月後，他的一位朋友見到了他。朋友問他近況如何，他說：「我快樂無比。想不想看看我的傷疤？」朋友看了傷疤，問當時他想了些什麼。傑里答道：「當我躺在地上時，我對自己說，有兩個選擇：一是死，一是活，我選擇了活。醫護人員都很好，他們告訴我，我會好的。但在他們把我推進急診室後，我從他們的眼神中讀到了『他是個死人』。我知道我需要採取一些行動。」

「你採取了什麼行動？」朋友問。

傑里說：「有個護士大聲問我有沒有對什麼東西過

敏，我馬上答『有的』。這時，所有的醫生、護士都停下來等我說下去。我深深吸了一口氣，然後大聲吼道：『子彈！』在一片大笑聲中，我又說道：『請把我當活人來醫，而不是死人。』」樂觀的傑里就這樣活下來了。

一個樂觀的人總能夠看到事物的積極方面，所以他永遠是滿足而快樂的。傑里就是一個樂觀的人，在生死關頭他還有心情開個玩笑，為自己舒緩壓力，對於生死這樣的大事，他尚能保持樂觀的心態，還有什麼能讓他失去快樂呢？同時，樂觀的人由於自己內心充溢著快樂，所以他們也有能力給身邊的朋友帶來快樂，成為朋友的開心果。

快樂的人總是受歡迎的。大家願意和這樣的人在一起，願意和他交談，因為他的快樂可以給大家帶來歡樂，讓大家開心。因此，在生活中也努力做一個能給他人帶來快樂的人吧！這樣你會更有魅力，形象會更好，也會更受他人的喜愛。

熱情讓你的魅力深入人心

　　熱情是驅使一個人永遠向上的動力。憑藉著熱情產生的巨大能量，你能獲得更多的朋友，你的人生也將變得更加絢麗多彩。

　　世界上一直都有美麗和興奮的存在，它本身就是如此動人，如此令人神往，所以我們必須對它敏感，永遠不要讓自己感覺遲鈍、嗅覺不靈，永遠也不要讓自己失去那份應有的熱忱。

　　塞克斯是美國馬塞諸塞州詹森公司的一位推銷員，憑著高超的推銷技巧，他打開了無數經銷商森嚴壁壘的大門。一次他路過一家商場，進門後先問候了店員，然後就與他們聊起天來。透過閒聊，他瞭解到這家商場有許多不錯的條件，於是想將自己的產品推銷給他們，卻遭到了商場經理的嚴厲拒絕，經理直言不諱地說：「如果進了你們的貨，我們是會虧損的。」塞克斯豈肯甘休，他動用了各種本領試圖說

打造你的人格魅力

服經理，但磨破嘴皮都無濟於事，最後只好十分沮喪地離開了。他駕著車在街上溜達了幾圈後決定再去商場。當他重新走到商場門口時，商場經理竟滿面笑容地迎上前，不等他開口，經理馬上決定訂購一批產品。

　　這一出乎意料的結局使塞克斯驚詫莫名，在他的一再追問下，最後商場經理說出了緣由。他告訴塞克斯，一般的推銷員到商場來很少與營業員聊天，而塞克斯首先與營業員聊天，並且聊得那麼融洽；同時，被他拒絕後又重新回到商場來的推銷員，塞克斯是第一位，他的熱情影響了經理，因此也征服了經理。對於這樣的推銷員，誰能忍心拒絕呢？

　　塞克斯的成功，正源於他的熱情。保持一顆熱情的心，你就會像一隻火炬，感染著身邊的每一個人。

　　成功學的創始人——拿破崙‧希爾指出，若你能保有一顆熱忱之心，那是會給你帶來奇蹟的。熱忱是富足的陽光，它可以化腐朽為神奇，給你溫暖，給

你自信，讓你對世界充滿愛。熱情的人是極具吸引力的，熱情的人在社交的舞會上，必然是全場的焦點。

如果你沒有足夠的熱情，下面的熱忱訓練四部曲，將會對你有所幫助：

1.要對某件事十分在乎，隨時要有某事可以寄託你的熱忱，或許是一個目標或想法。對某件事的在乎其實就是為培養熱忱而暖身。

2.把你的興奮大聲地表現出來。早晨醒來，告訴自己：「要快樂喲！」你就會真的變得很快樂。因為上天給了你一個很棒的禮物——全新的一天，你要讓今天過得比昨天更好。

3.利用「充電器」。找一個能讓你充電的對象，他必須是天生的贏家，是個強者。在你能量不夠時，他能給你力量。

4.以童心看世界。不管你處在什麼年齡，都要用童心看待整個世界，要隨時保持熱切期待的心態。孩子們總是抱著渴望、好奇的態度，覺得這個世界充滿了驚奇和未知。每一天對他們來說都是探險，所以，他們總是全身心地投入每一天。這種態度值得成年人

學習。保持孩童般的熱忱，試著全身心地投入每一
天。

　　鍛煉你的熱情，和你每天的體能運動一樣重
要。如果你想打造你的人格魅力，想讓陌生人喜歡
你、尊敬你、接受你，就熱情的對待他人吧！

自尊才能得到尊重

偉大的思想巨匠盧梭，在他的一篇著名演講詞中曾高昂地詮釋自尊的力量，他說：「自尊是一件寶貴的工具，是驅動一個人不斷向上發展的原動力。它將全然地激勵一個人體面地去追求讚美、聲譽，創造成就，把他帶向他人生的最高點。」

蘇瑞是某保險公司重要的成員之一。她回憶起她的成功經歷時說，她所賣出金額最大的一張保單不是在她經驗豐富後，也不是在觥籌交錯中談成的，而是在她第一次出門推銷的時候。

星際電子是當地最大的一家外資電子企業，蘇瑞對這樣的企業有些敬畏，不太敢進去，畢竟那是她第一次推銷。猶豫很久之後她還是進去了，整個樓層只有外國經理在。

「你找誰？」外國經理冷漠地問。

「是這樣的，我是保險公司的業務員，這是我

打造你的人格魅力

的名片。」蘇瑞雙手遞上名片，並沒有抱多大的希望。

　　「推銷保險？今天已經是第十個了，謝謝妳，或許我會考慮，但現在我很忙。」老外毫無表情地說。蘇瑞本來也不指望那天能賣出保險，所以毫不猶豫地說了聲「sorry」就離開了。如果不是她走到樓梯拐角處下意識地回了一下頭，或許她就這麼走了，以後也不會有任何事情發生。

　　蘇瑞回了一下頭，看見自己的名片被那個老外一撕就扔進了廢紙簍裡，她感到非常氣憤。於是她轉身回去，用英語對那個老外說：「先生，對不起，如果你不打算現在考慮買保險的話，請問我可不可以要回我的名片？」

　　老外微微一愣，隨即平靜了，聳聳肩問她：「Why？」

　　「沒有特別的原因，上面印有我的名字和職業，我想要回來。」

　　「對不起，小姐，你的名片我不小心灑上墨水了，不適合還給你。」

「即使灑上墨水，也請你還給我好嗎？」蘇瑞看了一眼廢紙簍。

　　過了一會兒，老外彷彿有了好主意：「OK，這樣吧，請問你們印一張名片的費用是多少？」

　　「五毛，問這個幹什麼？」蘇瑞有些奇怪。

　　「OK，OK。」老外拿出錢夾，在裡面找了片刻，抽出一張一元的說：「小姐，真的很對不起，我沒有五毛零錢，這張是我賠償你名片的，可以嗎？」

　　蘇瑞想奪過那一塊錢，撕個稀爛，告訴他自己不稀罕他的破錢，告訴他儘管她們是做保險推銷的，可是也是有尊嚴的。但是她忍住了。她禮貌地接過一元錢，然後從包裡抽出一張名片給了他：「先生，很對不起，我也沒有五毛的零錢，這張名片算我找給你的錢。請您看清我的職業和我的名字，這不是一個適合進廢紙簍的職業，也不是一個應該進廢紙簍的名字。」說完這些，蘇瑞頭也不回地轉身走了。

　　沒想到第二天，蘇瑞就接到了那個外國經理的電話，約她去他辦公室。蘇瑞氣呼呼地去了，打算再次和他理論一番。但是他告訴蘇瑞的是他打算從她這

裡為全公司員工購買保險。

正是蘇瑞的自尊贏得了外國經理的敬佩，最終
促成了這份保險推銷。

自尊的人最具魅力。它是對自己的一種敬意，
它教會我們要肯定自己，要將自立放在重要位置，而
不是依靠他人，接受他人的施捨。

鄙視自己，輕視自己的結果，只能是失去健
康、獨立的人格，讓自己變成一個自私自利的小人。

所有我們一定要記住：有自尊的人才能得到他
人的尊敬。這要求我們不要覺得自己矮三分，如果你
仰著看別人，人家當然要低著頭看我們，而如果我們
與對方平視，他也自然會把我們放在與他平等的位置
上。

誠信的人能得人心

誠是一個人的根本，待人以誠，就是信義為要。精誠所至，金石為開。荀子說：「天地為大矣，不誠則不能化萬物；聖人為智矣，不誠則不能化萬民；父子為親矣，不誠則疏；君上為尊矣，不誠則卑。」誠能化萬物，也就是所謂的「誠則靈」，這正說明了誠的重要性。相反，心不誠則不靈，行則不通，事則不成。一個心靈醜惡、為人虛偽的人根本無法取得人們的信任。

因此，我們在打造自己的人格魅力時，「誠信」一定不能少。

1835年，摩根成為一家名叫「伊特納火災」的小保險公司的股東，因為這家公司不用馬上拿出現金，只需在股東名冊上簽上名字就可成為股東。這符合摩根沒有現金卻能獲得利益的設想。

就在摩根成為股東不久，有一家在伊特納火災公司

投保的客戶發生了火災。按照規定，如果完全付清賠償金，保險公司就會破產。股東們一個個驚慌失措，紛紛要求退股。

摩根斟酌再三，認為自己的信譽比金錢更重要，他四處籌款並賣掉了自己的住房，低價收購了所有要求退股的股東們的股票。然後他將賠償金如數付給了投保的客戶。

這件事過後，伊特納火災保險公司有了信譽的保證。

已經身無分文的摩根成為保險公司的所有者，但保險公司已經瀕臨破產，無奈之中他打出廣告，凡是再到伊特納火災保險公司投保的客戶，保險金一律加倍收取。

不料客戶很快蜂擁而至。原來在很多人的心目中，伊特納公司是最講信譽的保險公司，這一點使它比許多有名的大保險公司更受歡迎。伊特納火災保險公司也從此崛起。

過了許多年之後，摩根的公司已成為華爾街的主宰，而當年的摩根先生正是美國億萬富翁摩根家族

的創始人。

其實成就摩根家族的並不是一場火災，而是比金錢更有價值的信譽。

著名實業家李嘉誠先生也曾經就自己多年經營長江實業的經驗總結道：「做事先做人，一個人無論成就多大的事業，人品永遠是第一位的，而人品的要素就是誠信。」因為誠信是一種長期投資，唯有長期遵守誠信的原則，才能建立和維護你的信譽、品牌和忠誠度，也才有可能得到可持續的成功。

有的人在人際交往過程中，憑藉一兩次矇騙而使自己的陰謀得逞，但這種伎倆絕對不可能長遠。俗話說，「群眾的眼睛是雪亮的」，這種矇騙一時的行為遲早會被人們發現。如果你是一個不講信譽的人，只要有一個人知道，用不了多長時間，所有的人就都會知道，那時候，你就會陷入一個非常難堪的境地中，沒有人會主動來和你交往，甚至還會故意冷落你、躲避你。這樣，無論你辦什麼事情，走到哪裡，四面八方都會是厚厚的一堵牆，更別希望別人幫你辦

事了。

　　信譽就是財富，而重信譽的人，往往會在眾人的幫助中站起來，不會陷入孤立的絕境，只要我們能夠做到用誠信打造自己的人格魅力，它會像一個磁力場一樣吸引更多的人來與我們交往，進而獲得更多的支援。

自信的人更受他人追隨

德國哲學家謝林曾經說過：「一個人如果能意識到自己是什麼樣的人，那麼，他很快就會知道自己應該成為什麼樣的人。但他首先得在思想上相信自己的重要，很快，在現實生活中，他也會覺得自己很重要。」

世人都欣賞那種具有勝利者氣度的人，那種給人以必勝信心的人和那種總在期待成功的人。自信的人，總給人以朝氣蓬勃、能力超凡的印象，與那種膽小怕事、自卑怯懦、總表現得軟弱無能、缺乏勇氣與活力的人截然相反。

一個人越自信，他就會越迷人。一個充滿自信心的人之所以與眾不同，就在於他能有意識地追求和表現人格的魅力以及有令人折服的堅定自信；就在於他能夠在複雜的處境之中和勝負未定之前，有積極的自我意識、明確的價值觀念和良好的自我狀態。

　　他是英國一位年輕的建築設計師，很幸運地被邀請參加了溫澤市政府大廳的設計。他運用工程力學的知識，根據自己的經驗，很巧妙地設計了只用一根柱子支撐大廳天頂的方案。一年後，市政府請權威人士進行驗收時，對他設計的一根支柱提出了異議。他們認為，用一根柱子支撐天花板太危險了，要求他再多加幾根柱子。

　　年輕的設計師十分自信，透過詳細的計算並且列舉了相關實例加以說明，拒絕了工程驗收專家們的建議。他說：「只要用一根柱子便足以保證大廳的穩固。」

　　他的固執惹惱了市政官員，年輕的設計師險些因此被送上法庭。

　　在萬不得已的情況下，他只好在大廳四周增加了4根柱子。不過，這四根柱子全都沒有接觸天花板，其間相隔了無法察覺的兩毫米。

　　時光如梭，歲月更迭，一晃300年過去了。

　　300年的時間裡，市政官員換了一批又一批，市政府大廳堅固如初。直到20世紀後期，市政府準備修

繕大廳的天頂時，才發現了這個秘密。

消息傳出，世界各國的建築師和遊客慕名前來，觀賞這幾根神奇的柱子，並把這個市政大廳稱做「嘲笑無知的建築」。最為人們稱奇的是這位建築師當年刻在中央圓柱頂端的一行字：

「自信和真理只需要一根支柱。」

這位年輕的設計師就是克里斯托・萊伊恩，一個很陌生的名字。今天，能夠找到有關他的資料實在是微乎其微，但在僅存的一點資料中，記錄了他當時說過的一句話：「我很自信。至少100年後，當你們面對這根柱子時，只能啞口無言，甚至瞠目結舌。我要說的是，你們看到的不是什麼奇蹟，而是我對自信的一點堅持。」

克里斯托・萊伊恩的故事令人折服，也讓我們體會到了自信的偉大力量。

自信是獲得成功至關重要的因素。你不必妄自尊大以及言行莽撞，無聲的自信同樣能給人留下深刻的印象。如果你自己表現得不自信，那麼其他人也不

會對你有信心。不管怎樣，你應該明白自己在做什麼，這樣別人才能信任你。你會看到人們總是願意信賴身邊那些信心十足的人，他們有時甚至說不清為什麼如此信賴這些人。

《簡愛》中，有家財萬貫、性格孤僻的莊園主人羅傑斯特，怎麼會愛上地位低微而又其貌不揚的家庭教師簡愛呢？答案很簡單：因為簡愛自信、自尊，富有人格的魅力。

當主人羅傑斯特向她吼叫「我有權蔑視妳」的時候，歷經磨難的簡愛用超人的自信和自尊以及由此帶來的鎮靜語氣回答：「你以為我窮，長得不漂亮，就沒有感情嗎？……我們的精神是平等的，就如同你和我將一樣經過墳墓，同樣地站在上帝面前一樣。」

正是這種自信的氣質，使她獲得了羅傑斯特由衷的敬佩和深深的愛戀。

簡愛的藝術形象，之所以能夠震撼和感染一代又一代各國讀者的心靈，正是因為她以自信和自尊為

人生的支柱，這使她的人格魅力得以充分展現。

　　對一個人來說，重要的是相信自己，如果能做到這一點，那麼他很快就會擁有巨大的力量，這個巨大的氣場會吸引越來越多的人。

打造你的人格魅力

寬容是籠絡人心的黏合劑

中國一直流傳著「水能載舟，亦能覆舟」的一句古訓。它告訴我們，如果你想成為舟，就要有能力得到水來載你，而且也要有能力讓這些水永遠地載著你遠航，而不是某一時就將你徹底傾覆。

生活中，有很多事僅靠我們自己的力量是無法完成的，必須密切聯繫各式各樣的人，充分發揮他們的力量，使他們成為我們步入成功之旅的依靠，這樣才能蒸蒸日上。

那麼，如何才能贏得眾人心、收穫眾人的力量這筆無形的財富呢？其實，答案很簡單，就是寬容。

人非草木，孰能無情。我們可以對身邊的眾人投入誠摯的感情，用寬容仁德贏取大家的支持，以大展宏圖。

某公司一位部門經理在一次去外地出差時，手提包被盜。包裡面除了常用的錢物外，還有公司的公

章。

　　事後，這位部門經理又內疚又擔心，但還是要硬著頭皮去見總經理。到了總經理面前，他心虛地講完了所發生的事情後，頭都不敢抬地等著挨罵。可是出人意料的是，總經理不但沒有罵他，反而笑著說：「我再送你一隻手提包好嗎？你前段時間的工作一直非常出色，公司早就想對你有所表示，但一直沒有機會，現在機會終於來了。」一頭霧水的他不知如何是好，內心卻充滿了感激。

　　後來，他非常努力地工作，兢兢業業，為公司賺了不少利潤。同時，也有不少公司看中了他，用非常優厚的待遇聘請他，可是他始終不為所動，一直留在了這家公司。

　　不難看出，正是那位總經理用寬容的態度贏得了這位部門經理的感激，使之決心為公司鞠躬盡瘁，任憑其他公司有多麼優厚的待遇都不改初衷。

　　這就是寬容的偉大力量。它既是人與人之間必不可少的潤滑劑，也是對他人的一種尊重、一種接受

和一種愛心。當我們身邊的人做錯了什麼時，一味地指責、批評，甚至謾罵，真的就會起用嗎？倒不如放下憤怒，學會寬容，給人一個反思和感恩的機會，這樣能讓彼此的感情更加牢固。

麥金利任美國總統時，任命某人為稅務主任，但遭到許多政客的反對，他們派遣代表進謁總統，要求總統說出任那個人為稅務主任的理由。為首的是一國會議員，他身材矮小，脾氣暴躁，說話粗聲惡氣，開口就給總統一頓難堪的譏罵。如果換成別人，也許早已氣得暴跳如雷，但是麥金利卻視若無睹，不吭一聲，任憑他罵得聲嘶力竭，然後才用極溫和的口氣說：「你現在怒氣應該可以消了吧？照理你是沒有權力這樣責罵我的，但是，現在我仍願詳細解釋給你聽。」

這幾句話把那位議員說得羞慚萬分，但是總統不等他道歉，便和顏悅色地說：「其實我也不能怪你。因為我想任何不明究竟的人，都會大怒若狂。」接著他把任命理由解釋清楚了。

不等麥金利總統解釋完，那位議員已被他的大度折服。他私下懊悔剛才不該用這樣惡劣的態度責備一位和善的總統，他滿腦子都在想自己的錯。因此，當他回去報告抗議的經過時，他只搖搖頭說：「我記不清總統的全盤解釋，但有一點可以報告，那就是──總統並沒有錯。」

無疑，在這次交鋒中，麥金利占了上風。為什麼他能占上風？就是因為他的寬宏大量。

在事業上建功立業、取得成就的，絕非是那些胸襟狹窄、小心眼、謹小慎微之人，而是那些和麥金利一樣襟懷坦蕩、寬宏大量、豁達大度者。

所以，我們要學會寬容別人，以此籠絡人心，得到眾人的理解和支援。

謙虛是提升形象的一種大智慧

　　西方哲學家卡萊爾說：「人生最大的缺點，就是茫然不知自己還有缺點。」因為人們只知道自我陶醉，一副自以為是、唯我獨尊的態度，殊不知，這種態度會遭到多數人的排斥，使自己處於不利地位。

　　老子曾用「水」來敘述處事的哲學：「上善若水，水善利萬物而不爭。」意思是說，上善的人，就好比水一樣，水總是利萬物的，而且水最不善爭。水總是往下流，處在眾人最厭惡的地方，注入最卑微之處，站在卑下的地方去支持一切。它與天道一樣恩澤萬物，所以水沒有形狀，在圓形的器皿中，它是圓形；放入方形的容器，則是方形。它可以是液體，也可以是氣體、固體。這正是我們必須學習的「謙遜」。

　　在人際交往中，保持謙遜的人，會受到大家的喜歡，這樣你就可能有和他人相互學習的機會。因為謙遜使我們相互之間敞開心扉，並使我們能夠從他人

的角度看待事物；謙遜讓我們可能坦誠地與他人交換意見；讓我們可以避免傲慢與褊狹。

另外，謙遜永遠是一個人建功立業的前提和基礎。不論你從事何種職業，擔任什麼職務，只有謙虛謹慎，才能保持不斷進取的精神，才能增長更多的知識和才幹。因為謙虛謹慎的品格能夠幫助你看到自己的差距，讓你能冷靜地傾聽他人的意見和批評，謹慎從事。

肖恩是一個剛剛畢業的大學生，不但面貌英俊，而且熱情開朗。他決定找一份與人交往的工作，以發揮自己的長處。很快，他就得到一個好機會——一家五星級飯店正在徵才櫃臺的工作人員。

肖恩決定去試試，於是第二天就去了那家飯店。主持面試的經理接待了他。看得出來，經理對肖恩俊朗的外表和富有感染力的熱情相當滿意。他拿定主意，只要肖恩符合這項工作的幾個關鍵指標的要求，他就留下這個小夥子。

他讓肖恩坐在自己對面，並且開門見山地說：

「我們飯店經常接待外賓，所有櫃臺人員必須會說四國語言，這一指標你能達到嗎？」

「我大學學的是外語，精通法語、德語、日語和阿拉伯語。我的外語成績是相當優秀的，有時我提出的問題，教授們都支支吾吾答不上來。」肖恩回答說。事實上，肖恩的外語成績並不突出，他是為了獲取經理的信賴，才自己標榜自己。但顯然，他低估了經理的智商。事實上，在肖恩提交自己的求職簡歷時，公司已經收集了有關的詳細資訊，其中包括肖恩的大學成績單。

聽了肖恩的回答，經理笑了一下，但明顯地不是賞識的笑容。接著他又問道：「做一名合格的櫃臺人員，需要多方面的知識和能力，你……」經理的話還沒說完，肖恩就搶先說：「我想我是不成問題的。我的接受能力和反應能力在我所認識的人中是最快的，做櫃臺絕對會很出色的。」

聽完他的回答，經理站了起來，嚴肅地對他說：「對於你今天的表現，我感到很遺憾，因為你沒能實事求是地說明自己的能力。你的外語成績並不優

秀，平均成績只有70分，而且法語還連續兩個學期不及格；你的反應能力也很平庸，幾次班上的活動你都險些出醜。年輕人，在你想要誇誇其談時，最好給自己一個警告。因為每誇誇其談一次，誠實和謙遜都要被減去十分。」

在我們的生活中，像肖恩這樣的人並不少見。很多人只知吹嘘自己曾經取得的輝煌，誇耀自己的能力學識，以為這樣可以博得別人的好感和讚揚，贏得他人的信任。但事實上，他們越吹嘘自己，越會被人討厭；越誇耀自己的能力，越受人懷疑。

謙遜基於力量，高傲基於無能。誇耀自己和自我表揚並不會為我們贏得好的機會，反之會斷送了我們的前程。因為一個喜歡標榜自己的人，往往會失去朋友——沒有人喜歡和一個自我表揚的人在一起，失去他人的信任——別人不但對你的能力產生懷疑，更嚴重的是你的品德和靈魂也會遭人批評。而一個沒有好的人緣、不受他人信任的人是永遠也不會與成功邂逅的。

俄國作家契訶夫曾說：「人應該謙虛，不要讓自己的名字像水塘上的氣泡那樣一閃就過去了。」如果你認為自己擁有廣博的知識，高超的技能，卓越的智慧，但如若沒有謙虛鑲邊，你一樣不可能取得燦爛奪目的成就。

把責任看得像生命一樣重要

在浮躁的、急功近利的社會風氣下，責任感似乎正在缺失。但是我們又不難發現，那些能獲得大家尊重與敬佩的人，無一不是把責任看得像生命一樣重要的人。他們對每一件事兢兢業業，盡力做到最好。當出現錯誤時，他們不會去想如何隱瞞錯誤或推卸責任，會勇敢地承認錯誤並採取一切可能的措施去彌補自己的過失，將錯誤造成的負面影響降到最低點。

喬治到鋼鐵公司工作還不到一個月，就發現很多煉鐵的礦石並沒有得到充分的冶煉，一些礦石中還殘留著沒有被冶煉好的鐵。如果這樣下去的話，公司就會有很大的損失。

於是，他找到了負責這項工作的工人，跟他說明了問題，這位工人說：「如果技術有了問題，工程師一定會跟我說，現在還沒有哪一位工程師向我說明這個問題，說明現在沒有問題。」

　　喬治又找到了負責技術的工程師，對工程師說明了他看到的問題。工程師很自信地說：「我們的技術是世界上一流的，怎麼可能會有這樣的問題。」工程師並沒有把他說的看成是一個很大的問題，還暗自認為，一個剛剛畢業的大學生，能明白多少，不會是因為想博得別人的好感而表現自己吧。

　　但是喬治認為這是個很大的問題，於是拿著沒有冶煉好的礦石找到了公司負責技術的總工程師，他說：「先生，我認為這是一塊沒有冶煉好的礦石，您認為呢？」

　　總工程師看了一眼，說：「沒錯，年輕人你說得對。哪來的礦石？」

　　喬治說：「是我們公司的。」

　　「怎麼會？我們公司的技術是一流的，怎麼可能會有這樣的問題？」總工程師很詫異。

　　「工程師也這麼說，但事實確實如此。」喬治堅持道。

　　「看來是出問題了。怎麼沒有人向我反映？」總工程師有些發火了。

總工程師召集負責技術的工程師來到車間，果然發現了一些冶煉並不充分的礦石。經過檢查發現，原來是監測機器的某個零件出現了問題，才導致了冶煉的不充分。

　　公司的總經理知道了這件事之後，不但獎勵了喬治，而且還晉升他為負責技術監督的工程師。許多員工也被喬治這種責任心所折服，在他的帶領下更加認真地做事，為公司創造了不少的價值。

　　喬治靠責任安身立命，這種責任感不僅感染了他人，也為自己和公司創造了不少的效益，可見責任的重要性。

　　前美國總統杜魯門，曾在桌子上擺著一個牌子，上面寫著：Book of stop here（問題到此為止）。這就是責任。總統有總統的責任，員工有員工的責任。在工作中，沒有責任感的員工不可能成為一名優秀的員工；在生活中，沒有責任感的人不會博得大家的敬重，更不會得到大家的追隨。

打造你的人格魅力

　　對工作和自己的行為百分之百負責的人，他們更願意花時間去研究各種機會和可能性，顯得更值得信賴，也因此能獲得別人更多的尊敬。與此同時，他也獲得了掌控自己命運的能力，這些將加倍補償他為了承擔百分之百責任而付出的額外努力、耐心和辛勞。

成熟穩重的人深受喜愛

　　一個優秀的、深受他人喜愛與追隨的人一定是一個成熟穩重的人。穩重是褪去稚氣後的成熟，穩重的人辦事的時候有著嚴謹認真的態度，踏踏實實、不浮不躁。成熟、做事沉穩的人，在工作和生活中更容易得到重用，一展自己的才華。這是因為穩重的人更容易得到別人的信任。

　　三國時期鼎鼎大名的謀士諸葛亮便是一個十分穩重的人。翻開《三國演義》，我們便不難發現，諸葛亮從來都不打沒有準備的仗，也從來不過早地妄下結論。他做任何事情、做任何決定，都是先經過深思熟慮，並對當時的形勢有一定的瞭解和掌握後才開始行動的。他穩重的性格也讓他幾乎是事必躬親，也難怪劉備放心將軍中大小事務一一交於諸葛亮治理，甚至在自己的彌留之際將自己的兒子劉禪與蜀國一併託付於他。

　　可見，性格穩重的人往往能獲取別人的信任，

甚至擔負起別人的重托，這樣的人更容易受到他人的追隨。因此，我們要將逆反的個性隱藏，彰顯自己沉穩的做人、做事風格，穩妥地將事情做好。

穩重是理性的沉澱，生活需要穩重。穩重能讓我們遠離厄運，遠離誘惑，穩重能讓我們擁有智慧。賽場上，穩重是一面旗；遇到困難時，穩重是希望的曙光。可以說，穩重是人生的一種生存智慧，得到它，我們的人生就能少有挫折，多有收穫。

但有的時候，我們覺得穩重很難把握，掌握不好就會變成默默無聞。那麼，應如何培養自己的穩重性格呢？下面幾點我們應該注意。

第一，給心靈一個沉澱的機會。生活中的煩心瑣事就如同水中的灰塵，慢慢地，靜靜地，它們就會沉澱下來。

第二，保持冷靜，從容鎮定。生活中，總會有許多讓人著急的事情經常使人手忙腳亂，結果，越急越糟糕。所以，我們要保持冷靜性情，戒除急躁。無論何時，保持冷靜、從容鎮定都能使我們更好地洞悉局面，從而作出正確選擇。

第三，培養寵辱不驚的心態。洪自誠著的《菜根譚》中有這樣一句名言：「寵辱不驚，閒看庭前花開花落；去留無意，漫隨天外雲卷雲舒。」著名人口學家馬寅初也曾將這句名言書於自己的書房，以潤澤自己的心胸，這也成為他對任何事情都寵辱不驚的心態寫照。我們也應保持寵辱不驚的心態，從容鎮靜。

第四，俯視人生。俯視，可以讓我們看透生活的瑣碎、人生的匆忙、世事的變化。同樣，俯視，也可以讓我們的性情變得更加穩重。

第五，給煩躁的心情一些轉變的時間。當我們遇到煩惱的事情，不免焦慮不安，心急氣躁，這時給心靈一個轉變的時間，才能讓自己漸漸地擺脫困擾，鎮靜下來，達到心如止水的境地。

第六，學會獨處養生。獨處，可以養生；獨處，可以讓疲憊的身心得到休息；獨處，可以解脫自己。學會獨處，有利於培養我們的穩重型性格。

當你有心成為一個穩重的人，又在行動上積極往「穩重」靠攏，自然就變成了一個更成熟、理性的人了，有了讓你信任的穩重氣質，你的形象會越來越好，願意追隨你的人也會越來越多了。

忠誠吸引他人的磁力場

　　忠誠，是一種真心待人，忠於人、勤於事的奉獻情操，它是發自內心的，它包含著付出、責任，甚至犧牲精神。當一個人失掉忠誠時，連同一起失去的還有一個人的氣場、尊嚴、誠信、榮譽、人脈以及前程，反過來，也一樣。

　　克里丹・斯特是美國一家電子公司很出名的工程師。這家電子公司只是一個小公司，時刻面臨著規模較大的比利佛電子公司的壓力，處境很艱難。

　　有一天，比利佛電子公司的技術部經理邀斯特共進晚餐。在餐桌上，這位經理問斯特：「只要你把你公司裡最新產品的資料給我，我會給你很好的回報，怎麼樣？」

　　一向溫和的斯特一下子就生氣了：「不要再說了！我的公司雖然效益不好，處境艱難，但我絕不會出賣我的良心做這種見不得人的事，我不會答應你的

任何要求。」

「好，好，好。」這位經理不但沒生氣，反而頗為欣賞地拍拍斯特的肩膀，「這事就當我沒說過。來，乾杯！」

不久，發生了令斯特很難過的事，他所在的公司因經營不善破產了。斯特失業了，一時又很難找到工作，只好在家裡等待機會。沒過幾天，他突然接到比利佛公司總裁的電話，讓他去一趟總裁辦公室。

斯特百思不得其解，不知「老對手」公司找他有什麼事。他疑惑地來到比利佛公司，出乎意料的是，比利佛公司總裁熱情地接待了他，並且拿出一張非常正規的聘書──請斯特去公司做技術部經理。

斯特嚇了一跳，問總裁：「你為什麼這樣相信我？」

總裁哈哈一笑說：「原來的技術部經理退休了，他向我說起了那件事並特別推薦你。小夥子，你的技術水準是出了名的，你的正直更讓我佩服，你是值得我信任的那種人！」

斯特這才明白過來。

後來，斯特憑著自己的技術和管理水準，成了一流的職業經理人。

一個不為誘惑所動、經得住考驗的人，他不僅不會失去機會，相反會贏得更多的機會。此外，他還能贏得別人對他的尊重，對他的青睞，正如例子裡的斯特一樣。

現在的社會變得越來越群體化，我們工作生活在一個又一個或大或小的團體裡。既然是團體，那麼我們如果想成為集中的核心人物、擁有令他人追隨的氣場，那麼忠誠必不可少。忠誠不僅能使團體得到健康的發展，我們個人的價值也能得以表現。

莎士比亞曾說：「忠誠你的所愛，你就會得到忠誠的愛。」

付出總有回報，忠誠於別人的同時，你會獲得別人對你的忠誠。忠誠的人容易獲得別人的信任和支持，也值得別人對他委以重任，因此忠誠的人更容易獲得提升自己氣場的機會。

但同時，忠誠不應該是單向的，而是雙向的。

打造你的人格魅力

如果你的上司對你不忠誠，你就沒有必要為他拼死拼活地賣命；如果你的朋友對你不忠誠，你就有必要將他剔除出可信賴朋友的名單。我們待人接物，不要因為他人的背叛而放棄了自己的忠誠，要記住阿爾伯特·哈伯德說的這句話：「如果能捏得起來，一盎司忠誠相當於一磅智慧。」

我們，如果你渴望改善自己的形象，那就保持忠誠的美德，讓它成為你工作的一個準則，並在此基礎上逐步培養正確的道德觀，發展好的品格。

保持一顆仁愛之心

儒家思想以「仁」為核心，孔子教人學為人，就是要學為「仁」。「己所不欲，勿施於人」、「君子成人之美，不成人之惡」、「躬自厚而薄責於人」等，都是孔子為「仁」的準則。孔夫子還不無感慨地說道：「里仁為美。擇不處仁，焉得知？」這句話的意思是說，同仁德的人住在一起，是最好不過的事。人最重要的是愛人，能同胸中有大愛的人在一起，是最幸福快樂的了。

曾經有一位少年去拜訪一位智者。

少年問智者：「我如何才能成為一個讓自己愉快，同時也能給別人帶來快樂的人呢？」

智者看著他說：「孩子，在你這個年齡有這樣的願望已經很難得了，我送你四句話。第一句話，把自己當成別人。你能說說這句話的含義嗎？」

少年回答說：「是不是說，在我感到痛苦憂傷

打造你的人格魅力

的時候，就把自己當成別人，這樣痛苦就自然減輕了；當我欣喜若狂之際，把自己當成別人，那些狂喜也會變得平和中正一些？」

智者微微點頭，接著說：「第二句話，把別人當成自己。」

少年沉思一會兒，說：「這樣就可以真正同情別人的不幸，理解別人的需求，在別人需要的時候給予恰當的幫助。」

智者微笑著繼續說道：「第三句話，把別人當成別人。」

少年說：「這句話的意思是不是說，要充分地尊重每個人的獨立性，在任何情況下都不可侵犯他人的核心領地？」

智者哈哈大笑，說：「很好，很好，孺子可教也！第四句話是，把自己當成自己。這句話理解起來太難了，留著你以後慢慢品味吧。」

少年說：「這四句話之間有太多自相矛盾之處，我如何才能把它們統一起來呢？」

智者說：「很簡單，用一生的時間。」

少年沉默了很久，然後叩首告別。

　　後來少年變成了壯年人，又變成了老人，再後來他離開了這個世界。很久以後，人們還時時提到他的名字。人們都說他是一位智者，因為他是一個愉快的人，而且也給每一個見過他的人帶來了快樂。

　　仁愛是福，愛以無窮的光照亮他人。能給別人帶來大愛的人，必會得到別人的愛心和尊重，正如例子中那位少年。

　　在英國有位孤獨的老人，無兒無女，又體弱多病，他決定搬到養老院去，並宣佈出售他漂亮的住宅。因為這是一所有名的住宅，所以購買者聞訊蜂擁而至。住宅的底價是8萬英鎊，但人們很快就將它炒到10萬英鎊，而且價錢還在不斷攀升。老人深陷在沙發裡，滿臉憂鬱。是的，要不是健康狀況不好的話，他是不會賣掉這棟陪他度過大半生的住宅的。

　　一個衣著樸素的青年來到老人面前，彎下腰低聲說：「先生，我也想買這棟住宅，可我只有1萬英

鎊。」「但是，它的底價就是8萬英鎊，」老人淡淡地說，「而且現在它已經升到10萬英鎊了。」青年並不沮喪，他誠懇地說：「如果您把住宅賣給我。我保證會讓您依舊生活在這裡，和我一起喝茶、讀報、散步，相信我，我會用整顆心來照顧您！」

老人站起來，揮手示意人們安靜下來：「朋友們，這棟住宅的新主人已經產生了，就是這個小夥子。」

世界上最強大的不是堅船利炮，而是一顆仁慈的愛心。故事中的小夥子正是擁有一顆善良仁慈的心，因而得到老人的青睞，成為住宅的主人。

生活中我們應該保持一顆仁愛之心，保持對真、善、美的追求。地位、財富固然重要，但真正能使人獲得永久尊重和幫助的還是那顆善良的心。把你的仁愛獻給周圍的人──父母、同學、朋友以及那些陌生人，你所付出的愛，不僅會給周圍的人帶來歡樂，也會使自己在仁愛中得到心靈的寧靜和快樂。

CHAPTER 2

拔除身上的「刺」

「衝動是魔鬼」，我們應該時刻謹記這句話，並在情緒失控的時刻以此來加以制止，任何事情三思而後行，就能降低不好的事發生的頻率。

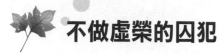

不做虛榮的囚犯

　　當我們在面對別人對自己的輕蔑時，會極力用虛榮來維護，其實，這種行為是極其愚蠢的。在這種情況下，化輕蔑為動力，完善自身才是最重要的。這樣，你一定會受到人們的尊敬。

　　卡內基指出：「解決人類的虛榮問題，根本不在如何破壞它的問題，而是在如何改善它，誘導它走向有用的方面。過去的說教者，不明白這一層，所以總是失敗。因為破壞虛榮，就等於破壞了整個人類！人類被破壞到即使只剩最後一個人，他或許還會為了他的獨存而虛榮！」

　　所謂控制虛榮，化解虛榮只是讓一個人能正確地認識虛榮，合理地加以改造和利用，把不利的轉化為有利的。控制了虛榮這種人性缺陷的人，是不會被表面上的讚美和奉承所蒙蔽的，因而在生活中，他也不會輕易上當；不會因為別人的讚美而失去自我；也不會因自我吹噓、自我包裝而招人恥笑，而會成為一

個魅力無窮、獲得真正榮譽的人。

那麼我們怎樣才不會被虛榮所桎梏？

正確認識你自己。

只要正確認識了自己，並嚴格對自己做出實在、客觀的評價，就不會因別人的讚美、恭維或者批評而失去方向。事實上每個人都對自己有一定認識，並在這個認識的基礎上產生一種自我評價。清醒地看到自己的成績和缺陷，發現自身的不足，並加以理性的克制和改正，卻不是那麼容易的。雖說不容易，但一定要盡力做到對自身條件、自我性格有清醒的認識。

正確地接受自我。

一個人認識自我固然不易，接受自我則常常更難。

接受自我就是對自己的本來面目抱認可、肯定的態度。乍看起來，似乎沒有人不喜歡自己，其實不然。一些不能接受自我的人，由於對自身的某個方面不滿意，會有可能拒絕承認自己本來的面目，不能如實地表現自己，竭力想把自己裝扮成另外一個形象，

把真正的自我隱藏起來。

　　這可能有時並非是完全有意識的，但使自己不能自然地表現自己，必然帶來沉重的心理負擔。例如有個人，她的牙齒長得不整齊，為了不讓別人發現，就整天緊緊閉著嘴，說話和笑的時候，也努力做到不露齒，試想這樣的生活該有多麼沉重。

　　所以我們，不要因為虛榮心，造成對自己的過分關注，從而讓缺點成為自己的心理負擔。

　　虛榮，很像是一個玫瑰色的美夢。當人們沉浸夢中的時候，彷彿擁有了許多，可是當美夢醒來的時候，就會發現原來什麼也沒有。因此要學會把握一些實實在在的東西，這樣你才會散發出自然的魅力，為你的形象加分。

 ## 抱怨讓你一無所有

在生活中，經常總是抱怨他人、抱怨自己人生的不如意，生不逢時，並由此而產生了一系列的矛盾與煩惱。

比如說，有的人對自己目前的工作不滿意，認為職位低、賺錢少，比不上別人，於是就不斷地抱怨，工作常常出錯，上司也不喜歡他，同事也覺得他沒出息。這樣，他越來越孤獨，越來越被公司排擠，越來越遠離快樂和成功。下面的案例中，張瑩瑩就是其中一位。

張瑩瑩的抱怨往往從一大早就開始了。一天的工作才剛開始沒多久，就聽到張瑩瑩在一旁「煩死了，煩死了」的抱怨。一位同事皺了皺眉頭，不高興地嘀咕著：「本來心情好好的，被妳一吵也煩了。」

張瑩瑩現在是公司的行政助理，事務繁雜，是有些煩，可是誰叫她是公司的管家呢，事無巨細，不

找她找誰。

其實，張瑩瑩性格開朗，工作起來認真負責，雖說牢騷滿腹，該做的事情，一點也不曾拖延。設備維護、辦公用品購買、交通費用、買機票、訂客房……張瑩瑩整天忙得暈頭轉向，恨不得長出八隻手來。

張瑩瑩剛替公司交完電話費，財務部的小李來領膠水，張瑩瑩不高興地說：「昨天不是來過嗎？怎麼就你事情最多，今天一下這個、明天一下那個的？」抽屜開得劈裡啪啦，翻出一瓶膠水，往桌子上一扔，說：「以後東西一起領！」小李有些尷尬，又不好說什麼。

這時，銷售部的王娜突然衝進來，原來影印機卡紙了。張瑩瑩不耐煩地揮了揮手說：「知道了。煩死了！和妳說一百遍了，先填保修單。」張瑩瑩單子一甩，接著說：「填一下，我去看看。」張瑩瑩邊往外走邊嘟囔：「總務部的人都死光了，什麼事情都來找我！」對桌總務部的小李氣壞了：「這什麼話啊？我哪裡得罪你了？」

拔除身上的「刺」

　　雖然張瑩瑩盡心盡職地把自己的工作做好了，可是那些「討厭」，「煩死了」，「不是說過了嗎」……實在是讓人不舒服。特別是同辦公室的人，張瑩瑩一叫，他們頭都大了。

　　年末的時候公司選舉優良工作者，大家暗地裡都希望自己能榜上有名。獎金倒是小事，誰不希望自己的工作得到肯定呢？老闆們認為先進非張瑩瑩莫屬，可是一看投票結果，50多份選票，張瑩瑩只得12票。

　　張瑩瑩十分委屈，覺得自己累的要死，卻沒有人體諒。殊不知，不是大家不體諒她，而是她從不間斷過的抱怨把自己的「獎金」逼走了。

　　我們應該讓自己遠離抱怨，因為抱怨會使自己的情緒惡化，看什麼都不順眼，使自己陷入一種自己製造出來的消極情境之中，最終讓自己與成功無緣，就如例子裡的張瑩瑩一樣。而且經常抱怨也會變成一種習慣，遇到壓力或不如意之事，便先抱怨一番，這是最可怕的事。

我們該如何拔掉抱怨的刺，讓大家願意靠近你呢？下面的行動計畫可以幫到你。

　　行動1：寫出發生在你身上的五件事，寫下其中你的抱怨。

　　對照自己寫的內容，看看你的抱怨是否可以幫你解決問題。顯而易見，抱怨不但不能解決任何事情，相反會阻礙我們成功。

　　行動2：找出一直困擾住你的一件事，你要像看電影一樣回憶其中每一個細節，然後透過想像把這段過程轉化為滑稽的形式。

　　你找一把高高的椅子坐在上面，然後氣定神閒地進行這一過程。如果有個人對你說了什麼壞話，你就像錄影帶倒帶一樣，在想像中讓那個人說話的速度變快很多，如果不過癮，你還可以給那個人安上米老鼠的鼻子和唐老鴨的耳朵，再配上一些古怪的音樂。這樣來來回回十遍，再看這個困擾你的過程，你會發現這一切變得非常滑稽，同時也失去了抱怨的意義。

　　行動3：找一個值得信賴的真摯友人作為傾訴的夥伴，把所有的抱怨、牢騷、不滿都發洩出來。

幸福
Happiness
2

拔除身上的「刺」

　　行動4：在一張紙上儘快地寫下你所有的感覺，把你的每一個意見、思想和感覺盡情發洩在紙上；當你全部發洩完之後，把紙撕掉，最好撕得粉碎，換一張再寫出來，再撕掉，直到你感覺不到激烈的情緒為止。

　　當你克服了抱怨的弱點後，你會發覺你的內心充滿陽光，形象也越來越好，朋友也會越來越多，成功也就不遠了。

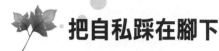

把自私踩在腳下

　　自私的人心裡永遠只有自己，他們只會顧及自己的利益，容不得自己的利益有一絲一毫的損害。「各人只掃自家雪，哪管他人瓦上霜」、「事不關己，高高掛起」是他們內心的真實寫照。這樣的人，得不到他人的喜歡，形象也會大打折扣。

　　貝爾太太是美國一位有錢的貴婦，她在亞特蘭大城外修了一座花園。花園又大又美，吸引了許多遊客，他們毫無顧忌地跑到貝爾太太的花園裡遊玩。

　　年輕人在綠草如茵的草坪上跳起了愉快的舞蹈；小孩子跑進花叢中捕捉蝴蝶；老人蹲在池塘邊垂釣；有人甚至在花園當中架起了帳篷，打算在此過他們浪漫的盛夏之夜。

　　貝爾太太站在窗前，看著這群快樂得忘乎所以的人們，看著他們在屬於她的園子裡盡情地唱歌、跳舞、歡笑。她越看越生氣，就叫僕人在園門外掛了一

幸福
Happiness
2

拔除身上的「刺」

塊牌子，上面寫著：私人花園，未經允許，請勿入
內。可是這一點也不管用，那些人還是成群結隊地走
進花園遊玩。貝爾太太只好讓她的僕人前去阻攔，結
果發生了爭執，有人竟拆走了花園的籬笆牆。

後來貝爾太太想出了一個絕妙的主意，她讓僕
人把園門外的那塊牌子取下來，換上了一塊新牌子，
上面寫著：歡迎你們、來此遊玩，為了安全起見，本
園的主人特別提醒大家，花園的草叢中有一種毒蛇。
如果哪位不慎被蛇咬傷，請在半小時內採取緊急救治
措施，否則性命難保。最後告訴大家，離此地最近的
一家醫院在威爾鎮，驅車大約50分鐘即到。

這真是一個絕妙的主意，那些貪玩的遊客看了
這塊牌子後，對這座美麗的花園望而卻步了。

可是幾年後，有人再往貝爾太太的花園去，卻
發現那裡因為園子太大，走動的人太少而真的雜草叢
生，毒蛇橫行，幾乎荒蕪了。孤獨、寂寞的貝爾太太
守著她的大花園，她非常懷念那些曾經來她的園子裡
遊玩的遊客。

貝爾太太用一塊牌子為自己築了一道特別的「籬笆牆」，隨時防範別人的靠近。這道看不見的籬笆牆就是自我封閉，而這道籬笆牆正是因為貝爾太太的自私才存在。

　　我們應該充分發揮個人的主觀能動性來克服自私的性格，可以用以下方式加以調整改善：

1. 內省法

　　這是構造心理學派主張的方法，是指透過內省，即用自我觀察的陳述方法來研究自身的心理現象。自私常常是一種下意識的心理傾向，要克服自私心理，就要經常對自己的心態與行為進行自我觀察。觀察時要有一定的客觀標準，這些標準有社會公德與社會規範和榜樣等。加強學習，更新觀念，強化社會價值取向，對照榜樣與規範找差距。並從自己自私行為的不良後果中看危害找問題，總結改正錯誤的方式方法。

2. 多做利他行為

　　一個想要改正自私心態的人，不妨多做些利他行為。例如，多關心其他人、給希望工程捐款、為他

人排憂解難等。私心很重的人，可以從讓座、借東西給他人這些小事情做起，多做好事，可在行為中糾正過去那些不正常的心態，從他人的贊許中得到利他的樂趣，使自己的靈魂得到淨化。

3.迴避訓練

這是以心理學上操作性反射原理為基礎，以負強化為手段而進行的一種訓練方法。通俗地說，凡下決心改正自私心態的人，只要意識到自私的念頭或行為，就可用綁在手腕上的一根橡皮筋彈擊自己，從痛覺中意識到自私是不好的，促使自己糾正。

4.學會節制

私欲這種東西，能否連根剷除呢？不能。世界上還沒有這種一勞永逸的良方。如何防止私欲的發作呢？有人說，只能節制。蘇東坡給自己立下一條規矩：「苟非吾之所有，雖一毫而莫取。」他給自己訂下明確的原則：君子愛財，取之有道。不義之財，分文不取。有了這一條，對遏止自己自私心理較為有效。

自私是人的本性，但是我們要知道，我們在社會中，就是社會性動物，沒有誰能夠獨立生活。人與人之間少不了交往，我們也總有用到別人幫忙的時候。所以，把自私踩在腳下，讓你愈發地受他人喜歡。

拔掉內心的衝動之苗

　　沒有一種勝利比戰勝自己和自己的衝動情緒更偉大，因為這是一種意志的勝利。它是避免麻煩的明智之途，也是獲得他人尊重與追隨的途徑。易怒不會給你帶來任何好處，而忍耐和克制往往助人成事。

　　1076年，德國皇帝亨利與教皇格里高利爭權奪利，鬥爭日益激烈，發展到了勢不兩立的地步。亨利想擺脫羅馬教廷的控制，教皇則想把亨利所有的自主權都剝奪殆盡。

　　亨利首先發難，召集德國境內各教區的主教們開了一個宗教會議，宣佈廢除格里高利的教皇職位。格里高利針鋒相對，在羅馬拉特蘭諾宮召開全基督教會的會議，宣佈驅逐亨利出教，不僅要德國人反對亨利，也在其他國家掀起了反亨利浪潮。

　　一時間，德國內外反亨利力量聲勢震天，特別是德國境內的大大小小封建主人都興兵造反，向亨利

的王位發起挑戰。

　　亨利面對危局，被迫妥協，1077年1月身穿破衣，騎著毛驢，冒著嚴寒，翻山越嶺，千里迢迢前往羅馬，向教皇懺悔請罪。

　　格里高利故意不予理睬，在亨利到達之前躲到了遠離羅馬的卡諾莎行宮。亨利沒有辦法，只好又前往卡諾莎拜見教皇。

　　教皇緊閉城堡大門，不讓亨利進來。為了保住皇帝寶座，亨利忍辱跪在城堡門前求饒。

　　當時大雪紛飛，天寒地凍，身為帝王之尊的亨利屈膝脫帽，一直在雪地上跪了三天三夜，教皇才開門相迎，饒恕了他。

　　亨利恢復教籍、保住帝位並返回德國後，集中精力整治內部，曾一度危及他王位的內部反抗勢力逐一告滅。在陣腳穩固之後，他立即發兵進攻羅馬，以報跪求之辱。在亨利的強兵面前格里高利棄城逃跑，客死他鄉。

　　中國有句俗語「大丈夫能屈能伸」，說的便是

拔除身上的「刺」

忍辱負重。假如亨利放棄信念、控制不住自己的衝動而反抗，就不可能擁有以後的至尊和榮耀。

憑一時的衝動而行事，最終導致嚴重的後果，必然令人後悔莫及。尤其是血氣方剛的年輕人，最容易衝動，在事後又後悔莫及。

因此，我們應該時刻提醒自己一定要改掉衝動的毛病。在此提供一些方法，希望對性格衝動的人改變自己的這一性格能有一定的幫助。

1. 用理智戰勝衝動

理智者遇上不順心之事，一般都能三思而後行。除了那些喪失理智和法律意識單薄的人外，正常人都有一時激憤或消沉的時候，這是個危險時段，很多不正確的判斷常常是在這不冷靜的時刻作出的。判斷失誤必然導致行為欠妥，如果人們能在最短的時刻內讓頭腦降溫，就會掐掉一根危險的導火線。

2. 提高文化素養

能否理智行事與文化程度的高低成正比。這點，和法院的調查報告完全吻合：「衝動殺人的罪犯最多僅有初中以下文化程度，文化程度低下，缺乏自

控能力是逞一時之快殺人的重要原因。」眾所周知，法律對一些欲鋌而走險的人能起警示作用，可是，如果文化程度低下，加之法律意識淡薄，「無知無畏」，那就極其容易經不起旁人的攛掇而走向犯罪的深淵。

3. 用外人的眼光看問題

「當局者迷，旁觀者清」，這話不無道理。在日常生活中，我們每個人都曾做過局外人觀看過別人吵架，這時候，無論是哪一方的言行，其失當和偏頗之處你大多能察覺。因此，如果人們能以局外人的頭腦，觀察自己，則善莫大焉。

「衝動是魔鬼」，我們應該時刻謹記這句話，並在情緒失控的時刻以此來加以制止，任何事情三思而後行，就能降低不好的事發生的頻率。

幸福 Happiness 2
拔除身上的「刺」

暴躁的人易發生不幸

　　一個人性格暴躁的最直接表現就是非常容易憤怒，憤怒是一種很常見的情緒，幾乎在不少人身上都可以找到它的影子。

　　性格暴躁的人不僅會讓大家望而卻步，拒絕與其多接觸，而且脾氣暴躁、經常發火還是誘發心臟病的致病因素，同時還會增加患其他疾病的可能性，它是一種典型的慢性自殺。因此，無論是從人脈的角度，還是為了確保自己的身心健康，都必須學會控制自己，克服暴躁的壞毛病。

　　一般來說，性格暴躁的人都有如下的一些表現：

　　1. **情緒不穩定**。他們往往容易激動。別人的一點友好的表示，他們就會將其視為知己；而話不投機，就會怒不可遏。

　　2. **自尊心脆弱，怕被否定，以憤怒作為保護自己的方式**。有的人希望和別人交朋友，而別人讓他失

望了，他就給人家強烈的羞辱，以挽回自己的自尊心。這同時也就永遠失去了和這個人親近的機會。

3. 有不安全感，怕失去。

4. 多疑，不信任他人。暴躁的人往往很敏感，把別人無意識的動作，或輕微的失誤，都看成是對他們極大的冒犯。

5. 將別處受到的挫折和不滿情緒發洩在無辜的人身上。

應當說，脾氣是一個人文化素養的表現。大凡有知識、有修養者，往往待人彬彬有禮，遇事深思熟慮，冷靜處置，依法依規行事，不會輕易動肝火。而大發脾氣者，大多是缺乏文化修養的人，他們似乾柴般的思想修養，遇火便著，任憑自己的脾氣猶如脫韁之馬，直至撞牆碰壁，頭破血流，惹出事端。

所以，容易暴躁的人，提高自己的素質修養刻不容緩。下面的六條措施將幫助你完成改變暴躁性格這一心理、生理的轉變過程，讓你的性格臻於完善。

1. 承認自己存在的問題。請告訴你的配偶和親朋好友，承認自己以往愛發脾氣，決心今後加以改

幸福
Happiness
2
拔除身上的「刺」

進，希望他們對你支持、配合和督促，這樣有利於你逐步達到目的。

2. 保持清醒。當憤憤不已的情緒在你腦海中翻騰時，要立刻提醒自己保持理性，這樣你才能避免憤怒情緒的爆發，才能恢復清醒和理性。

3. 反應得體。受到不公平對待時，任何正常的人都會怒火中燒。但是無論發生什麼事，都不可放肆地大罵出口。而該心平氣和、不抱成見地讓對方明白，他的言行錯在哪兒，為何錯誤。這種辦法給對方提供了一個機會，在彼此不受傷害的情況下改弦更張。

4. 推己及人。把自己擺到別人的位置上，你也許就容易理解對方的觀點與舉動了。在大多數場合，一旦將心比心，你的滿腔怒氣就會煙消雲散，至少覺得沒有理由遷怒於人。

5. 詼諧自嘲。在那種很可能一觸即發的危險關頭，你還可以用自嘲解脫。「我怎麼啦？像個3歲小孩，這麼小心眼！」幽默是改掉發脾氣的毛病的最好手段。

6. 貴在寬容。學會寬容，放棄怨恨和報復，你隨後就會發現，憤怒的包袱從雙肩卸下來，顯然會說明你放棄錯誤的衝動。

一位哲人說：「誰自詡為脾氣暴躁，誰便承認了自己是一名言行粗野、不計後果者，亦是一名沒有學識，缺乏修養之人。」細細品味，煞是有理。願我們都能遠離暴躁脾氣，做一個有知識、有文化水準、有修養、受歡迎的人。

 # 別讓多疑困住了你

有一個寓言，說的是「疑人偷斧」的故事：

一個人丟失了斧頭，懷疑是鄰居的兒子偷的。從這個假想目標出發，他觀察鄰居兒子的言談舉止、神色儀態，無一不是偷斧的樣子，思索的結果進一步鞏固和強化了原先的假想目標，他斷定賊非鄰子莫屬了。可是，不久他在山谷裡找到了斧頭，再看那個鄰居的兒子，竟然一點也不像偷斧者。

這個人從一開始就自己先下了一個結論，然後走進了猜疑的死胡同。猜疑似一條無形的繩索，會捆綁住我們的思路，使我們遠離朋友。如果猜疑心過重的話，那麼就會因為一些可能根本沒有或不會發生的事而憂愁煩惱、鬱鬱寡歡，使我們不能更好地與身邊的人交流，其結果可能是無法結交到朋友，變得孤獨寂寞。

該怎麼矯正自己的猜疑心理，讓我們能夠主動大方地結識到更多的人呢？

1. 自信最重要

　　相信自己，相信他人。在自己的心理天平上增加「自信」和「他信」這兩塊砝碼。首先是「自信」。「自疑不信人，自信不疑人。」猜疑心理大多源於缺少自信。其次是「他信」，即相信別人，不要對別人報以偏見或者是成見。當你懷疑別人的時候，一定要想想如果別人也這樣懷疑你，你會是什麼樣的感受，這樣去將心比心，換個角度想想就能真正去信任別人了。

　　另外，還要注意調查研究。俗話說：「耳聽為虛，眼見為實。」不能聽到別人說什麼就產生懷疑，不要聽信小人的讒言，不能輕信他人的挑撥，要以眼見的事實為據。況且，有時眼見的未必是實。因此，一切結論應產生於調查的結果。否則就會被成見和偏見蒙住眼睛，鑽進主觀臆想的死胡同出不來。

2. 堅持「責己嚴，待人寬」的原則

　　猜疑心重的人，大多對自己的要求不嚴、不

拔除身上的「刺」

高，對別人的要求卻很苛刻，總是要求別人做到什麼程度，沒有想一想自己會不會做到。因此克服疑心必須從嚴格要求自己做起，對別人過高的要求，別人達不到，就認為人家存在問題，必然會妨礙你對別人的信任。所以，堅持寬以待人，嚴於律己的原則，這也是克服猜疑心的一條重要途徑。

3. 採取積極的暗示，為自己準備一面鏡子

平時不要總想著自己，想著別人都盯著自己。要對自己說，並沒有人特別注意我，就像我不議論別人一樣，別人也不會輕易議論我。只要自己行得正，站得直，又何必怕別人議論呢？有時不妨採用自我安慰的「精神勝利法」，別人說了我又能如何呢？只要我自己認為，或者感覺絕大多數人認為我是對的，我的行為是對的就可以了，這樣在心理的疑心自然就會越來越小了。

4. 拋開陳腐偏見

記得一位哲人說過：「偏見可以定義為缺乏正當充足的理由，而把別人想得很壞。」一個人對他人的偏見越多，就越容易產生猜疑心理。我們應拋開陳

腐偏見，不要過於相信自己的印象，不要以自己頭腦裡固有的標準去衡量他人、推斷他人。要善於用自己的眼睛去看，用自己的耳朵去聽，用自己的頭腦去思考。必要時應調換位置，站在別人的立場上多想想。這樣，我們就能捨棄「小人」而做君子。

5. 及時開誠佈公

猜疑往往是彼此缺乏交流，人為設置心理障礙的結果，也可能是由於誤會或有人搬弄是非造成的，因此如若出現猜疑，與其自己去想，不如開誠佈公地和對方談一談，這樣才能消除疑雲，徹底地解決問題。

英國思想家培根曾說過：「猜疑之心如蝙蝠，它總是在黃昏中起飛。這種心情是迷惑人的，又是亂人心智的。它能使你陷入迷惘，混淆敵友，從而破壞你的事業。」

別讓猜疑困住了你，試著信任我們的朋友，相信我們身邊的人，你會發現朋友越來越多，生活也越來越美好。

幸福
Happiness
2

拔除身上的「刺」

自大的人離成功最遠

不少人總是把自己看得很重要，但事實上，少了你一個，地球照樣可以運轉，事情一樣做得好。所以，狂妄自大的人歷來就是成事不足敗事有餘，輸了自己也遠離了成功。

狂妄自大往往不是空穴來風，狂妄自大的人總有一些突出的地方。這些突出的特長，使他們有一種優越感。這種優越感達到一定程度，便目空一切，不知天高地厚。

深究其原因，則大致可以歸納為以下幾點：

1. 過分嬌寵的家庭教育

家庭教育是一個人自負心理產生的第一根源。對於青少年來說，他們的自我評價首先取決於周圍的人對他們的看法，家庭則是他們自我評價的第一參考來源。父母寵愛、誇讚、表揚，會使他們覺得自己「相當了不起」。

2. 生活中的一帆風順

人的認識來源於經驗，生活中遭受過許多挫折和打擊的人，很少有自負的心理，而生活中的一帆風順，則很容易養成自負的性格。現在的學生大多是獨生子女，父母的掌上明珠，如果他們在學校出類拔萃，老師又寵愛他們，就會養成自信、自傲和自負的個性。

3. 片面的自我認識

狂妄自大者縮小自己的短處，誇大自己的長處。缺乏自知之明，對自己的能力評價過高，對別人的能力評價過低，自然產生自負心理。這種人往往好大喜功，取得一點小小的成績就認為自己了不起，成功時完全歸因於自己的主觀努力，失敗時則完全歸咎於客觀條件的不合作，過分地自戀和以自我為中心，把自己的舉手投足都看得與眾不同。

4. 情感上的原因

一些人的自尊心特別強烈，為了保護自尊心，在挫折面前，常常會產生兩種既相反又相通的自我保護心理。一種是自卑心理，透過自我隔絕，避免自尊

心的進一步受損；另一種就是自負心理，透過自我放大，獲得自卑不足的補償。例如，一些家庭經濟條件不很好的學生，生怕被經濟條件優越的同學看不起，便會假裝清高，在表面上擺出看不起這些同學的樣子。這種自負心理是自尊心過分敏感的表現。

當然，自負並非不可克服，只要我們自己努力並加上正確的方法，就可以避免自大：

首先，接受批評是根治狂妄自大的最佳辦法。自大者的致命弱點是不願意改變自己的態度或接受別人的觀點，接受批評即是針對這一特點提出的方法。它並不是讓自大者完全服從於他人，只是要求他們能夠接受別人的正確觀點，透過接受別人的批評，改變過去固執己見、唯我獨尊的形象。

其次，與人平等相處。狂妄自大者視自己為上帝，無論在觀念上還是行動上都無理地要求別人服從自己。平等相處就是要求狂妄自大者以一個普通社會成員的身份與別人平等交往。

再次，提高自我認識。要全面地認識自我，既要看到自己的優點和長處，又要看到自己的缺點和不

足，不可一葉障目，不見泰山，抓住一點不放，未免失之偏頗。認識自我不能孤立地去評價，應該放在社會中去考察，每個人生活在世上都有自己的獨到之處，都有他人所不及的地方，同時又有不如人的地方，與人比較不能總拿自己的長處去比別人的不足，把別人看得一無是處。

最後，要以發展的眼光看待自大，既要看到自己的過去，又要看到自己的現在和將來。輝煌的過去可能標誌著你過去是個英雄，但它並不代表著現在，更不預示著將來。

> 生活中，我們應該學會把自己的意念先放下來，以虛心的態度去傾聽和學習，你會發現，狂妄自大不再經常縈繞你，成功也不是遙不可及的事。

自閉限制你的發展

　　自我封閉是指個人將自己與外界隔絕開來，很少或根本沒有社交活動，除了必要的工作、學習、購物以外，大部分時間將自己關在家裡，不與他人來往。自我封閉者大多都很孤獨，沒有朋友，甚至害怕社交活動。

　　自我封閉的心理現象在各個年齡層次都可能產生。兒童有電視幽閉症，青少年有因羞澀引起的恐人症、社交恐懼心理，中年人有社交厭倦心理，老年人有因「空巢」（指子女成家）和配偶去世而引起的自我封閉心態。

　　有封閉心態的人不願與人溝通，很少與人講話。他們不是無話可說，而是害怕或討厭與人交談。他們只願意與自己交談，如寫日記、撰文詠詩，以表志向。自我封閉行為與生活挫折有關，有些人在生活、事業上遭到挫折與打擊後，精神上受到壓抑，對周圍環境逐漸變得敏感，變得不可接受，於是出現迴

避社交的行為。

　　自我封閉心理實質上是一種心理防禦機制。由於個人在生活及成長過程中常常可能遇到一些挫折，這些挫折引起個人的焦慮。有些人抗挫折的能力較差，使得焦慮越積越多，他只能以自我封閉的方式來迴避環境，降低挫折感。

　　自閉的人，生活中犯過一些「小錯誤」，由於道德觀念太強烈，導致自責自貶。自己做錯了事，就看不起自己，貶低自己，甚至討厭擯棄自己，總覺得別人在責怪自己，於是深居簡出，與世隔絕。有些人十分注重個人形象的好壞，總是覺得自己長得醜。這種自我暗示，使得他們非常注意別人的評價，甚至別人的目光，最後乾脆拒絕與人來往。有些人由於幼年時期受到過多的保護或管制，他們內心比較脆弱，自信心也很低，只要有人一說點什麼，就胡亂對號入座，心裡緊張起來。

　　自閉總是給我們的生活和人生帶來無法擺脫的沉重的陰影，讓我們關閉自己情感的大門，沒有交流和溝通的心靈只能是一片死寂。因此，有自閉傾向的

拔除身上的「刺」

我們一定要打開自己的心門，並且從現在開始。

自閉之人該從哪些方面改變自己呢？

第一，要樂於接受自己。有時不妨將成功歸因於自己，把失敗歸結於外部因素，不在乎別人說三道四，「走自己的路」，樂於接受自己。

第二，要提高對社會交往與開放自我的認識。交往能使人的思維能力和生活機能逐步提高並得到完善；交往能使人的思想觀念保持新陳代謝；交往能豐富人的情感，維護人的心理健康。一個人的發展高度，決定於自我開放、自我表現的程度。克服孤獨感，就要把自己向交往對象開放。既要瞭解他人，又要讓他人瞭解自己，在社會交往中確認自己的價值，實現人生的目標，成為生活的強者。

第三，要順其自然地生活。不要為一件事沒按計劃進行而煩惱，不要對某一次待人接物做得不夠周全而自怨自艾。如果你對每件事都精心設計以求萬無一失的話，你就不知不覺地把自己的感情緊緊封閉起來了。

應該重視生活中偶然的靈感和樂趣，快樂是人

生的一個重要標準。有時讓自己高興一下就行，不要
整日為了目的，為解決一項難題而奔忙。

　　第四，不要為真實的感情刻意去梳妝打扮。如
果你和你的摯友分離在即，你就讓即將湧出的淚水流
下來，而不要躲起來。為了怕別人道短而把自己身上
最有價值的一部分掩飾起來，這種做法沒有任何意
義。

　　一個人，只有開放自己，走出去與他人交流交
往，融入社會，才能得到更好的發展。

拔除身上的「刺」

 # 消除自卑的心理

自卑，就是自己輕視自己，看不起自己。自卑心理嚴重的人，並不一定就是他本人具有某種缺陷或短處，而是不能容納自己，自慚形穢，常把自己放在一個低人一等，不被自己喜歡，進而演繹成別人看不起的位置，並由此陷入不能自拔的境地。

自卑的人心情低沉，鬱鬱寡歡，常因害怕別人瞧不起自己而不願與別人來往，只想與人疏遠，他們缺少朋友，甚至自疚、自責、自罪；他們做事缺乏信心，沒有自信，優柔寡斷，毫無競爭意識，享受不到成功的喜悅和歡樂，因而感到疲勞，心灰意冷。

征服畏懼，戰勝自卑，不能誇誇其談，止於幻想，而必須付諸實踐，見於行動。建立自信最快、最有效的方法，就是去做自己害怕的事，直到獲得成功。

1. 認清自己的想法
有時候，問題的關鍵是我們的想法，而不是我

們想什麼事情。人的自卑心理來源於心理上的一種消極的自我暗示，即「我不行」。正如哲學家斯賓諾莎所說：「由於痛苦而將自己看得太低就是自卑。」這也就是我們平常說的自己看不起自己。悲觀者往往會有憂鬱的表現，他們的思維方式也是一樣的。所以先要改變帶著墨鏡看問題的習慣，這樣才能看到事情樂觀的一面。

2. 正確認識自己

對過去的成績要作分析。自我評價不宜過高，要認識自己的缺點和弱點，充分認識自己的能力、素質和心理特點。要有實事求是的態度，不誇大自己的缺點，也不抹殺自己的長處。特別要注意對缺陷的彌補和優點的發揚，將自卑的壓力變為發揮優勢的動力，從自卑中超越。

3. 放鬆心情

努力放鬆心情，不要想不愉快的事情。或許你會發現事情並沒有原來想的那麼嚴重，會有一種豁然開朗的感覺。

4. 與樂觀的人交往

拔除身上的「刺」

與樂觀的人交往，他們看問題的角度和方式，會在不知不覺中感染你。

5. 嘗試一點改變

先做一點小的嘗試。比如，換個髮型，畫個淡妝，買件以前不敢嘗試比較時髦的衣服……看著鏡子中的自己，你會覺得心情大不一樣，原來自己還有這樣一面。

6. 尋求他人的幫助

尋求他人的幫助並不是無能的表現，有時候當局者迷，當我們在悲觀的泥潭中拔不出來的時候，可以讓別人幫忙分析一下，換一種思考方式，有時看到的東西就大不一樣。

7. 要增強信心

只有自己相信自己，樂觀向上，對前途充滿信心，並積極進取，才是消除自卑、促進成功的最有效的補償方法。自卑者缺乏的，往往不是能力，而是自信。他們往往低估了自己的實力，認為自己做不來。記住一句話：你說行就行。事情擺在面前時。如果你的第一反應是我能行，那麼你就會付出自己最大的努

力去面對它。反之，如果認為自己不行，自己的行為就會受到這個念頭的影響，從而失去太多本該珍惜的好機會，因為你一開始就認為自己不行，最終失敗了也會為自己找到合理的藉口：「瞧，當初我就是這麼想的，果然不出我所料！」

8. 客觀全面地看待事物

具有自卑心理的人，總是過多地看重自己不利、消極的一面，而看不到有利、積極的一面，缺乏客觀全面地分析事物的能力和信心。這就要求我們努力提高自己透過現象抓本質的能力，客觀地分析對自己有利和不利的因素，尤其要看到自己的長處和潛力，而不是妄自嗟歎、妄自菲薄。

自卑並不是什麼可怕的事，只要我們有想改變的決心，終有一天你會成為一個自信積極的人。

拒絕內心的狹隘

　　有的人遇到一點點委屈或很小的得失便斤斤計較、耿耿於懷；有的學生聽到老師或家長一兩句批評的話就接受不了，甚至痛哭流涕；有的人對學習、生活中一點小小的失誤就認為是莫大的失敗、挫折，長時間寢食不安；有的人人際交往面窄，追求少數朋友間的「哥兒們義氣」，只與自己一致或不超過自己的人交往，容不下那些與自己意見有分歧或比自己強的人。

　　這些，都是內心狹隘的表現。狹隘的人，不僅生活在一個狹窄的圈子裡，而且知識面也往往非常狹窄。不僅如此，其心胸、氣量、見識等都局限在一個狹小的範圍內，不寬廣、不宏大。

　　狹隘的產生同家庭中不良因素的影響有很大關係。父母狹隘的心胸、為人處世的方法、不良的生活習慣等對子女有潛移默化的影響。另外，優越的生活環境、溺愛的教育方法往往易形成子女任性、驕傲、

利己主義等問題，受點委屈便耿耿於懷，對「異己」分子不肯容納與接受。尤其是一些年輕人，閱歷淺、經驗少，遇到問題後，容易把事情想得過於困難、複雜，加之對自己的能力估計不足，對事情感到無能為力，因而容易緊張、焦慮。這些都是不可取的。

有狹隘傾向的我們怎樣才能克服氣量小的狹隘毛病呢？

1. 拓寬心胸

「往事如煙俱忘卻，心底無私天地寬。」要想改掉自己心胸狹隘的毛病，首先要加強個人的思想品德修養，破私立公，遇到有關個人得失、榮辱之事時，經常想到國家、集體和他人，經常想到自己的目標和事業，這樣就會感到犯不著計較這些閒言閒語，也沒有什麼想不開的事情了。

2. 充實知識

人的氣度與人的知識修養有密切的關係。有句古詩說：「曾經滄海難為水，除卻巫山不是雲。」一個人知識多了，立足點就會提高，眼界也會相應開闊，此時，就會對一些「身外之物」拿得起、放得

拔除身上的「刺」

下、丟得開，就會「大肚能容，容天下能容之物」。當然，滿腹經綸、氣量狹隘的人也有的是，但這並不意味著知識有害於修養，而只能說明我們應當言行一致。培根說：「讀書使人明智。」經常讀一些心理學方面的書籍，對於開闊自己的胸懷，裨益當不在小。

3. 縮小「自我」

你一定要不斷提醒自己，在生活中不要期望過高，來點阿Q精神降低你的期望。如果你堅持抱著一成不變的期望，不願做任何改變減少你的期望以平衡與現實之間的差距，那麼你就會很快被激怒，讓事情變得更糟。

根據莫菲定律：「只要事情有可能出錯，就一定會出錯。」這正好抓住了降低期望、明智看待事情的想法，它也說明了該如何調整期望，才不會留下滿屋子的失望和挫折感。

降低你的期望不但可以減少你的生氣次數和生氣的強烈程度，還可以減少生氣的時間。隨時調整你的期望，時刻保持清醒的頭腦，你才會在自負的烏雲之中看到陽光。這樣做也就使心胸開闊了許多。

因此，正確地善待自我有利於我們走出狹隘。

4. 自然陶冶法

人們在學習工作之餘，在庭院花卉、草坪旁休息，在綠樹成蔭的大道上散步，在風景秀麗幽靜的公園裡遊玩，往往心曠神怡，精神振奮，利於忘卻煩惱，消除疲勞。

自然風光對人的心理有積極作用，早已被古人所認識。唐詩曰：「清晨入古寺，初日照高林。曲徑通幽處，禪房花木深。山光悅鳥性，潭影空人心。萬籟此俱寂，唯聞鐘磬音。」大自然確能使人緩衝心理緊張，陶冶人的情操。

狹隘的人應有意識地克服自己的缺點，多與人接觸，使自己對不同的人有不同的認識，從而累積經驗，這樣會從中明白許多對與錯的道理，心胸也會漸漸開闊起來

頻繁的憂鬱需要制止

　　每個人都會有不快樂和心情不好的時候。憂鬱是人們常見的情緒困擾，是一種感到無力應付外界壓力而產生的消極情緒，常常伴有厭惡、痛苦、羞愧、自卑等情緒。它不分性別年齡，是大部分人都有的經驗。對大多數人來說，憂鬱只是偶爾出現，歷時很短，時過境遷，很快就會消失。但對有些人來說，則會經常地、迅速地陷入憂鬱的狀態而不能自拔。當憂鬱一直持續下去，愈來愈嚴重以致無法過正常的日子，即稱為憂鬱症。

　　憂鬱是一種很常見的情緒障礙，長期憂鬱會使人的身心受到損害，無法正常地工作、學習和生活，但不需要過分擔心。經過妥當的調適後，大多數人都可以恢復正常、快樂的生活。

　　具體應該如何制止憂鬱的頻繁出現，我們可以參考以下介紹的一些方法：

　　1. 自己調節情緒，逐步改善心境，從而使生活

重歸歡樂

　　憂鬱者要想消除憂鬱情緒，首先應該停止對自身及周圍世界的埋怨，明確自己的認知錯誤來源於以感覺作依據來思考問題。因為感覺不等於事實。每當你焦慮、憂鬱時，切記以下幾個關鍵步驟：

　　第一步，記錄。瞄準那些消極的想法，並把它們記下來，別讓它們佔據你的大腦。

　　第二步，反思。讀一遍本文提及的幾種認知扭曲的模式，準確地找出你是怎樣曲解事實的，一定要擊中要害。

　　第三步，改變思維方式，調整心態。用更為客觀的想法取代扭曲的認知，徹底駁斥那些讓你自己瞧不起自己、自尋煩惱的謬論。

　　2. 擴大人際交往

　　憂鬱的人周遭多都是憂鬱者，而樂觀的人身邊亦多為樂觀者，因此要想改變命運，你必須要和樂觀者學習。不要拘泥於自我這個小天地裡，應該置身於集體之中，多與人溝通，多交朋友，尤其多和精力充沛、充滿活力的人相處。這些洋溢著生命活力的人會

幸福
Happiness
2

拔除身上的「刺」

使你更多地感受到事物的光明和美好。

3. 學會宣洩

要善於向知心朋友、家人訴說自己不愉快的事。當處於極其悲哀的痛苦中時，要學會哭泣。另外，多參加活動、寫日記、寫信等，都可以幫助消除心理緊張，避免過度憂鬱。

4. 良好的生活習慣──盡可能地使生活有規律

規律與安定的生活是憂鬱症患者最需要的，早睡早起，按時起床、按時就寢、按時學習、按時鍛鍊等有規律的活動會簡化你的生活，使你有更多的精力去做別的事情，保持身心愉快。而多完成一件事，就會使人多一份成就感和價值感。

5. 陽光及運動

多接受陽光與運動對於憂鬱症病人是有很大的幫助，多活動活動身體，可使心情得到意想不到的放鬆，陽光中的紫外線可或多或少改善一個人的心情。

6. 飲食療法

糖類食品有安定的作用，蛋白質則可提高警覺性。要多吃含有必需脂肪酸和糖類的蛋白質食物。鮭

魚和白魚都是蛋白質的來源。避免進食富含飽和脂肪的食物、豬肉或油炸食物。脂肪會抑制腦部合成神經衝動傳導物質，並造成血球凝集，導致血液流通不良，尤其是腦部。

　　盡量讓自己的飲食可以綜合糖類和蛋白質這兩種營養素，讓腦部活動達到平衡。比如，選用全麥麵包製作雞肉三明治就是一種很好的綜合食品。如果你感到緊張而希望能夠振作起精神，則可以多吃蛋白質。有憂鬱傾向者，不妨嘗試攝取富含蛋白質和多糖類的食物，例如，火雞和鮭魚，對提升精神狀態會有所幫助。

　　偶爾的憂鬱是正常的，但是如果過於頻繁的出現憂鬱的情緒，我們就應該採取以上這些措施，調節自我。

冷漠的人沒有人緣

　　有人說人與人之間本來沒有那麼多的仇恨和誤解，其中一大部分是由冷漠造成。沒有一個人喜歡與冷漠無情的人交往，因為從他們那裡既得不到快樂與安慰，也無法獲得什麼有利的建議。冷漠的人對別人不信任，總是愛懷疑他人，才把自己的心隱藏好，住在一個叫做冷清的高牆內。

　　其實這就和照鏡子現象是一樣的，你站在鏡子前面，如果你微笑，鏡子裡的人也是跟著你微笑的；如果你皺眉頭，那麼鏡子裡的人也是對你皺眉頭的，如果你面帶愁容，那麼就不要指望鏡子裡的那個人對你笑容滿面……這種現象，如果應用於社交，就是我們對待別人所表現出來的態度和行為，別人往往也會以同樣的態度和行為回饋。這就是所謂的「照鏡子效應」。

　　儘管平時我們可能沒有注意到，但是這種效應的確在我們與他人的交往中起著至關重要的作用。如

果我們對別人表現出熱情，別人往往也會對待我們很熱情；可是，如果我們一直都是緊繃著臉，表現得很冷漠，那麼對方也將以冷漠的態度回報我們。

所以說，在與別人的交往中，如果總是受人冷落，我們就應該檢討一下自己，是不是你一直對別人也十分冷漠，讓自己的形象一落千丈，對方才不願意與你來往。

一位老人，每天都要坐在路邊的椅子上，向開車經過鎮上的人打招呼。有一天，他的孫女在他身旁，陪他聊天。這時有一位遊客模樣的陌生人在路邊四處打聽，看樣子想找個地方住下來。

陌生人從老人身邊走過，問道：「請問，住在這座城鎮還不錯吧？」

老人慢慢轉過來回答：「你原來住的城鎮怎麼樣？」

遊客說：「在我原來住的地方，人人都很喜歡批評別人。鄰居之間常說閒話，總之那地方很不好住。我真高興能夠離開，那不是個令人愉快的地

方。」搖椅上的老人對陌生人說：「那我得告訴你，其實這裡也差不多。」

過了一會兒，一輛載著一家人的大車在老人旁邊的加油站停下來加油。車子慢慢開進加油站，停在老先生和他孫女坐的地方。

這時，父親從車上走下來，向老人說道：「住在這市鎮不錯吧？」老人沒有回答，又問道：「你原來住的地方怎樣？」父親看著老人說：「我原來住的城鎮每個人都很親切，人人都願幫助鄰居。無論去哪裡，總會有人跟你打招呼，說謝謝。我真捨不得離開。」老人看著這位父親，臉上露出和藹的微笑：「其實這裡也差不多。」

車子開動了。那位父親向老人說了聲謝謝，驅車離開。等到那家人走遠，孫女抬頭問老人：「爺爺，為什麼你告訴第一個人這裡很可怕，卻告訴第二個人這裡很好呢？」老人慈祥地看著孫女說：「不管你搬到哪裡，你都會帶著自己的態度；那地方可怕或可愛，全在於你自己！」

沒錯，別人對你的態度，首先取決於你對別人的態度。可是在現實生活中，人們並不注意自己的態度，而是習慣於在別人的身上找毛病，覺得受到了別人的冷落，就是因為別人對自己的看不起，或者是對方不懂得禮貌。其實這樣的想法是不對的。受到了他人的誤解和冷落，我們首先要檢討自己對別人的態度。如果你一直是挑剔的、冷淡的、苛刻的，那麼別人自然不會對你熱情。可是如果你用一顆熱情、寬容、充滿關愛的心去對待別人，相信別人也會逐漸向你展露微笑的。

　　當你覺得自己越來越受到冷落時，好好想一想，是不是因為你對待他人太冷漠，讓自己的形象大打折扣，所以他人才不樂意與你交往的呢？

 ## 悲觀的人要懂得自拔

　　我們都或多或少地會經歷一些小的失意，有的人遇到這些失意時，覺得一切都不盡如人意，憂鬱不安，悲觀自憐，結果更加失意，以致失去了幸福和歡樂。有的人卻能尋找出產生沮喪悲觀心理的原因，讓自己得以解脫。

　　多數沮喪悲觀者對未來的擔憂，正為自己建立越來越狹窄、有限的世界。假如你做些與他人合作的工作，受到他人的約束，你就得考慮自己以外的事情，生活也就會出現新的意義。愉快的社交活動對人們情緒的影響是任何一項獎賞都不能比擬的。當人們掌握了處理人際關係的技巧後，自重感增加，也會慢慢地趕走沮喪心情。

　　一個沮喪悲觀的人老待在屋子裡，便會產生禁錮的感覺。然而，當他離開屋子，漫步在林蔭大道，就會發現心緒突然變了，怒氣和沮喪也消失了，心中充滿了寧靜，自然的色彩給人帶來陣陣快意。另外，

體育活動也有助於克服沮喪，經常參加體育活動會使人精神振奮，避免消極地生活下去。

因此，轉換自己的悲觀情緒，其實並不難。

人類的所有行為，無論樂觀，還是悲觀，都是「學」到的。因而悲觀者的悲觀性格，並非「命中註定」，而是「後天養成」的。悲觀者可以力強而至，學成樂觀。

那麼，哪些辦法能幫助我們正確地克服悲觀性格所帶來的負面影響呢？

1. **越擔心受怕，就越遭災禍。**因此，一定要懂得積極心態所帶來的力量，要相信希望和樂觀能引導你走向勝利。

2. **即使處境危難，也要尋找積極因素。**這樣，你就不會放棄取得微小勝利的努力。你越樂觀，克服困難的勇氣就越會倍增。

3. **以幽默的態度來接受現實中的失敗。**有幽默感的人，能輕鬆地克服厄運，排除隨之而來的倒楣念頭。

4. **既不要被逆境困擾，也不要幻想出現奇蹟。**

拔除身上的「刺」

要腳踏實地，堅持不懈，全力以赴去爭取勝利。

5. 當你失敗時，你要想到你曾經多次獲得過成功，這才是值得慶幸的。如果10個問題，你做對了5個，那麼還是完全有理由慶祝一番，因為你已經成功地解決了5個問題。凡事學會往好的方面看。

6. 在閒暇時間，你要努力接近樂觀的人，觀察他們的行為。透過觀察，你能培養起樂觀的態度，樂觀的火種會慢慢地在你內心點燃。

> 悲觀會讓我們遠離一切美好的事物，同時也遠離了成功，因而，有悲觀傾向的我們一定要學會自拔。

把嫉妒從內心移除

　　看過《三國演義》的人都知道，東吳大都督周瑜具有大將之才，文韜武略，運籌帷幄。赤壁之戰，覆沒曹軍83萬人馬，曹操僅剩27人，敗走華容道。然而，周瑜無大將度量，心胸狹窄，嫉妒賢能，對才能高過自己的諸葛亮始終耿耿於懷，並屢次設計陷害。但周瑜的陰謀詭計，被諸葛亮一一識破。周瑜害人不成反害自己，落個「賠了夫人又折兵」的下場。在諸葛亮「三氣」之下，惱羞成怒，歎罷「既生瑜，何生亮」後，吐血而亡。

　　嫉妒的危害，我國傳統醫學早有論述，《黃帝內經‧素問》中明確指出：「妒火中燒，可令人神不守舍，精力耗損，神氣渙失，腎氣閉塞，鬱滯凝結，外邪入侵，精血不足，腎衰陽失，疾病滋生。」

　　可見，嫉妒是一種不健康的情緒狀態，在嫉妒心理的影響下，人的身心健康會受到損害。特別是那些心理素質較差的年輕人，一旦受到嫉妒心理的衝

擊，內心便充滿了失望、懊惱、悲憤、痛苦和憂鬱，有的甚至陷入絕望之中，難以自拔。

　　現代醫學研究證明，有嫉妒心理的人，往往處於焦慮不安、怨恨煩惱之中。這種消極不愉快的情緒，會使人的神經機能嚴重失調，從而影響到心血管的機能，進而導致心律不齊、高血壓、冠心病、胃及十二指腸潰瘍、神經官能症等心身疾病的發生。

　　嫉妒的受害者首先是嫉妒者自己。德國有句諺語說得很貼切：「嫉妒是為自己準備的屠刀。」翻一翻歷史，因為嫉妒而招致殺身之禍的例子不勝枚舉：隋煬帝因嫉才妒能，招致群臣離心離德而覆亡；太平天國時期的楊秀清因權慾薰心，嫉妒洪秀全和眾親王，想奪天王之位，最後被殺；水泊梁山的第一任寨主王倫嫉妒晁蓋、吳用而喪命……

　　嫉妒者記恨別人，竭力貶低、敗壞別人，對別人的進步和成就總是不屑一顧，看不到自己和別人之間的差距，不想奮力趕上。這樣，自己與被嫉妒者之間，必然拉開更大的距離，到頭來自己只能是越來越落後。嫉妒人家，無非是怕人家比自己強。但是，怕

也無濟於事，嫉妒不能給自己增加什麼好處，反而更加顯示出自己的落後、狹隘。既然如此，何必嫉妒別人呢？

那麼，我們要怎樣才能消除嫉妒心理呢？

從心理學角度來說，一個人的嫉妒心理並不是天生就有的，而是後天形成的。所以，應透過自身的道德修養、自我控制、自我調節來修正。

1. **將壓力變為動力**。將不服氣變為志氣，使自己有一種競爭意識，促使自己努力向上。你比我好，我要比你更好。透過自強不息的努力超過別人，這本身就是一種健康意識。這種意識表現得恰當，就會使自己的想法成為達到目標的動力，使自己的追求具有良知和道義。相反，總是想自己不如別人就只會嫉妒，並造成精神負擔，對自己和他人都可能有著不好的作用。

2. **要看到自己的長處，發現自己的價值**。這是培養自尊心、消除自卑感和嫉妒心理的有效方法。

3. **不妨站在對方的立場上考慮問題**。人人都希望得到他人的精神支持，所以當你對一個人產生嫉妒

的時候，不妨大度地站在對方的立場上誠懇地讚揚
他。

　　信任和友誼會使你感到充實，你也可以感受到
「心底無私天地寬」的心理體驗。

憂慮讓人遠離快樂

　　憂慮是一種過度憂愁和傷感的情緒體驗。正常人也會有憂慮的時候，但如果是毫無原因的憂慮，或雖有原因，但不能自控，顯得心事重重、愁眉苦臉，就屬於心理性憂慮了。

　　憂慮在情緒上表現為強烈而持久的悲傷，覺得心情壓抑和苦悶，並伴隨著焦慮、煩躁及易激怒等反應。在認識上表現出負性的自我評價，感到自己沒有價值，生活沒有意義，對未來悲觀。還表現在對各種事物缺乏興趣，依賴性增強，活動水準下降，迴避與他人交往，並伴有自卑感，嚴重者還會產生自殺想法。

　　憂慮會使一個人老得更快，摧毀他的容貌，甚至對其健康產生嚴重威脅。所以說，過度憂慮不可取。凡事退一步想，不要耿耿於懷，憂慮就會減少。

　　黃昏時刻，一個旅行者在森林中迷了路。天色

拔除身上的「刺」

漸漸暗了，黑暗的恐懼和危險，一步步逼近。他心裡
明白：只要一步走錯，就有掉入深坑或陷入泥沼的可
能。還有潛伏在樹叢後面饑餓的野獸，正虎視眈眈注
意著他的動靜，一場狂風暴雨般的恐怖正威脅著他。

這時，淒黯的夜空中，幾顆微弱的星光，似乎
帶來了一線光明，卻又不時地消失在黑暗裡，留給人
迷茫。

突然間，旅行者眼前出現一位流浪漢，他不禁
歡欣雀躍，上前叫住，探詢出去的路。這位陌生的流
浪漢很友善地答應幫助他。可是他發現這位陌生人和
他一樣迷路了。於是他失望地離開了，再一次回到自
己的路線上來。不久，他又碰上了第二個陌生人，那
人肯定地說他擁有逃出森林的地圖，他跟隨這個人
走，終於發現這是一個自欺欺人的人，其地圖只不過
是其自我欺騙情緒的結果而已。

於是他陷入深深的絕望之中，他曾經竭力問他
們有關走出森林的知識，但他們的眼神後面隱藏著憂
慮和不安，他知道：他們和他一樣迷茫。他漫無目的
地走著，一路的驚慌和失誤，使他由彷徨、失落到恐

懼。無意間，當他把手插入口袋時，他找到了一張正確的地圖。

他若有所悟地笑了：原來它始終就在這裡，只要從自己身上尋找就行了。他忙著詢問別人，卻忽略了最重要的事──回到自己身上找。

同樣的道理，每個人都有一份引導情緒的地圖，指引自己離開憂慮和沮喪的黑森林。因此，情緒性的憂慮是多餘的。假如別人告訴你別的，那他一定沒有找到他自己。一個總是被憂慮困擾的我們需要的是：

1. 不要把憂慮和恐懼隱藏在心中

許多人感到憂慮與不安時，總是深藏在心裡，不肯坦白說出來。其實，這種辦法是很愚蠢的。內心有憂慮煩惱，應該儘量坦白講出來，這不但可以給自己從心理上找一條出路，而且有助於恢復理智，把不必要的憂慮除去，同時找出消除憂慮、抵抗恐懼的方法。

拔除身上的「刺」

2. 不要怕困難

人遇到困難，往往是成功的先兆，只有不怕困難的人，才可以戰勝憂慮和恐懼。

當然，消除憂慮的辦法是始終存在的，但是人需要靠自己的能力消除恐懼，不能隨便聽信他人。如保羅‧泰利斯博士所言：「在每個令人懷疑的深坑裡，雖然感到絕望，但我們對真理追求的熱情，依舊存在。不要放棄自己而依賴別人，縱使別人能解除你對真理的焦慮。不要因誘惑而導入一個不屬於你自己的真理。」

生活中不如意之事很多，只要你善於把握自我，控制好自己的情緒，遠離憂慮，自然就可以迎接陽光燦爛的每一天。

CHAPTER 3

隨時表現你的修養

微笑是一張通行證，它能給別人留下溫暖、親切、自信的印象，笑著同別人談話，能使每一句話顯得輕鬆，讓自己的魅力在微笑中盡顯無遺，讓彼此的關係在微笑中越發親密。

面帶三分笑，禮儀已先到

現實生活中，很多人都已經意識到了衣著打扮對自己形象和社交的重要性。但是，我們也不可以忽略了外表所展現的另一種魅力作用，那就是你的微笑。

微笑是人間最美的表情，是人際關係中最好的潤滑劑，是極富影響力的社交武器，擁有如沐春風的微笑勝過千言萬語。在這個世界上，人人都希望別人喜愛自己、尊重自己、對自己友好，而微笑就是你對人對己的唯一選擇。因為微笑能拉近人與人之間的距離，能融化人與人之間的堅冰，消除已經產生的矛盾或仇怨；能給你的形象增添光彩，讓他人感受到你的友好、你的修養

從1919年到現在，希爾頓旅館從一家擴展到70多家，遍佈世界五大洲的各大都市，成為全球規模最大的旅館之一。幾十年來，希爾頓旅館生意如此之

好，財富增加得如此之快，其成功的秘訣之一，依賴於服務人員「微笑的影響力」。

希爾頓旅館總公司的董事長康納・希爾頓在幾十年裡向各級人員（從總經理到服務員）問得最多的一句話是：「你今天對客人微笑了沒有？」

他諄諄告誡員工，無論旅館本身遭遇的困難如何，希爾頓旅館服務員臉上的微笑永遠是屬於旅客的陽光。他說：「請你們想一想，如果旅館裡只有第一流的設備而沒有第一流服務員的微笑，那些旅客會認為我們供應了他們全部最喜歡的東西嗎？如果缺少服務員的美好微笑，就好比花園裡失去了春天的太陽與微風。假若我是顧客，我寧願住進雖然只有舊地毯，卻處處見到微笑的旅館，而不願走進只有一流設備而不見微笑的地方……」

如今，希爾頓的資產已從5000美元發展到數十億美元，名聲顯赫於全球的旅館業。希爾頓旅館的服務人員總是會想到的就是他們的老闆可能隨時會來到自己面前再提問那句名言：「你今天對客人微笑了沒有？」

微笑是一筆財富。希爾頓酒店因為一個看似不起眼卻十分重要的「微笑」，取得了今天如此巨大的成功。

　　在一次商務談判中，甲乙雙方為了各自的利益穩住陣腳，互不相讓，形成了僵持的局面。這時只見甲方的談判代表，面含微笑地對大家講了一次自己撞車的經歷。

　　那是一個濃霧彌漫的上午，公路上的汽車由於能見度有限，只好頭尾相接地慢行。突然，前面的車突然踩剎車，後面的車就頂上了它的屁股。那位司機跳下來就和他吵：「這麼大的霧，怎麼能緊急剎車？」而他卻不慌不忙地說：「老弟，你都跟著我開到車庫裡來了，還不倒回去呀？」

　　在場的人聽完都不禁笑起來，緊張的氣氛緩和了，雙方最後各自都退讓了一步，「倒車」使談判取得了皆大歡喜的圓滿結局。

幸福 Happiness 3 **隨時表現你的修養**

　　這就是微笑的影響力。真誠微笑，讓對方產生愉快的心情，然後一點點地把問題提出，讓他（她）在快樂輕鬆的心情中不再設防，這樣的辦事效果要比板起面孔一本正經地談判許多輪不知要好上多少倍。

　　瑞士詩人、小說家卡爾·施皮特勒說：「微笑乃是具有多重意義的語言。」它能減輕傷痛，也能化解尷尬，真正懂得勝利微笑的人，會在關鍵時刻調整自己，即便沒有微笑的心情，也會以真誠的、善意的笑臉迎人。

　　微笑是一張通行證，它能給別人留下溫暖、親切、自信的印象，笑著與別人談話，能使每一句話顯得輕鬆，讓自己的魅力在微笑中盡顯無遺，讓彼此的關係在微笑中越發親密。

得體的介紹讓對方記住你

自我介紹是社會交往中必不可少的重要環節。自我介紹如果不當，會影響你的形象。雖然說中國人都以謙虛為美德，但在競爭激烈的今天，適時地推銷自己已成為實現自我的一種手段，如果你缺少積極推銷自己的勇氣，最好能在簡短的自我介紹中表現出自己的長處，給人留下美好的印象。

在做自我介紹時，我們要注意以下幾點：

1. 自我介紹，名字要特別強調

自我介紹，可以說是一種簡單的自我表現方法。一般說來，名字就是一個人的招牌，不僅要告訴對方，而且應設法讓對方記住。

自我介紹時，最值得注意的是，自己的名字要特別說清楚。一些人在做自我介紹時，口中喃喃自語，吐字不清，使別人聽不清楚。對方如若聽不清楚你在說什麼，自然也就記不住你的名字，甚至會認為你這個人有些陰沉、消極。因此，自己的名字一定要

一個字一個字地清楚說出來。

不僅應在自我介紹的最初通報姓名，最好在告別時，再向對方告知一遍自己的名字。這樣一來，不僅使對方容易記住你，而且會給對方留下一種你很積極的印象。

2. 介紹要講究次序

一般來說，應介紹年輕人給老年人，介紹地位低的給地位高的，將男士介紹給女士，將未婚者介紹給已婚者。當向一個人介紹多數人時，則應當遵守先職位高後職位低、先長後幼、先女後男的原則。

介紹時，一般簡略地介紹一下被介紹者的姓名、身份即可。如果被介紹人擔當的職務很多，可以只介紹級別最高的職務或與之有關的職務，其他職務不必都一一介紹。要實事求是地介紹，不要忘記被介紹者的重要身份，使其不能受到應有的重視，也不要誇大其詞地胡亂吹捧，使對方處於難堪境地。

給雙方介紹完畢後，不要馬上離開，要等他們交談上幾句話後，再藉故告辭，但也不要該走不走。當雙方談興漸濃時，應當找藉口適時地離開，不影響

他們的交談。

　　當別人介紹自己時，就要從座位上站起來，表示出很願意認識對方的樣子，並主動把手伸出與對方握手。如果對方是女性，就必須等對方伸出手後再去握手。如果她不伸手，可以點頭表示致意。

　　介紹的情況是多種多樣的，但我們一定要切記，無論何種情況，都應根據具體情況靈活處理，讓對方能記住你。

熟知握手禮儀

握手是現代社會交際中一種最普通的禮儀，也是世界上最通行的常用禮節。在各類商務、公務及普通的社交場合，握手禮是使用最頻繁的禮節形式，不同的握手方式會展現不同的形象。

握手，按字面理解為手與手的結合，這種狀態能發展成為心與心的溝通，人們能夠更多地從中感到一種強烈的連帶關係。握手時越有力越持久，對方就越能感覺到你的誠意、熱情，你給對方留下的印象就越深刻。

緊握對方的手還會令對方感到一種壓力，尤其是與競爭對手第一次見面時，用力握手往往是一件很有效的武器。當然這並不是說你得像運動員或摔跤手那樣去握別人的手，那樣別人會吃不消的。

當與高層的主管握手時，他們的手是鬆鬆地伸出給你握的，所以不能用力去握高層主管的手。因為他每天要握很多次手，每次都用力會導致疲勞。

握手還可以表現出一個人是否飽含真誠。真誠的人握著你手的時候是暖暖的，雖然他手的實際溫度或許並不高，但他的真誠透過兩隻手熱情地傳遞過來，讓人對他產生一種信賴和好感。

　　有些人跟別人握手時顯得很不真誠，做做樣子，往往只輕握一下便鬆開，軟綿綿的，沒有力氣。

　　透過社交場合的握手禮，常常能折射出一個人的禮儀修養。如果與人握手時左手還插在口袋裡，那顯然毫無誠意；如果眼睛東張西望，或是伸出的手給對方一種有氣無力的感覺，或是握得太緊叫人難堪，或是生硬地搖動都會令人不悅，印象不佳。恰到好處、優雅自然的握手就應是簡短有力地一握，兩眼愉快地凝視對方，表達出你溫和、友善的心意和渴望進一步交往的美好願望。

　　行握手禮時，應距離對方約一步左右，上身稍向前傾，一腳稍邁向前一點，伸出右手，四指並齊，拇指張開與對方握手。手要上下略為擺動，然後與對方的手鬆開。年輕者對年長者、身份低者向身份高者施行握手禮時，則應稍稍欠身表示態度謙恭，用雙手

握住對方的手，以示尊敬。男士與女士握手時，往往輕握女子的手指部分，但較熟的人或朋友可例外。關係十分親近又久未見面的人，可邊握手邊問候，兩人的手長時間握在一起，以表示雙方的心情。

注意不要輕握男人的手指或是將女士的手握痛了，也不要騎在自行車或在公共汽車上與人握手。

另外，伸手也有前後順序。如果說介紹雙方時，先介紹地位低的，地位高的人先伸手；男士和女士握手，女士先伸手；長輩和晚輩握手，長輩先伸手；上級和下級握手，上級先伸手。如果客人和主人握手，客人到來時，一般主人先伸手，表示歡迎；而客人離開的時候，一般是客人先伸手，是讓主人留步。

熟知握手的禮儀可以讓我們的形象加分，讓你顯得有修養、受到他人的喜愛

有些人跟人握手時，只不過是輕輕一碰就鬆開，而且是一面與人握手，一面斜視其他地方，或東張西望，這也是極不尊重對方的表現。這些缺乏真誠，不尊重對方的毫無活力的握手對形象是有百害而無一利的。

 ## 善於運用手勢語

　　在人際交往中，人們經常會用各種手勢來傳達不同的資訊，比如友好、真誠、自信、高傲、專橫、焦慮等。手勢是構成個人形象的重要部分，你可以根據需要選擇不同的手勢增強你在別人心目中的形象。

　　手勢按動作意義的不同可分為拱手、招手、揮手、擺手、搖手、握手等動作。按作用的不同，手勢還可分為下面四種：

1. 情緒性手勢

　　即用手勢表達思想情感。比如，高興時拍手稱快；悲痛時捶打胸脯；憤怒時揮舞拳頭；悔恨時敲打前額；猶豫時撫摸鼻子；急躁時雙手相搓；而用手摸後腦勺則表示尷尬、為難或不好意思；雙手叉腰表示挑戰、示威、自豪；雙手攤開表示真誠、坦然或無可奈何；揚起手掌用力往下砍或往外推常常表示堅決果斷的態度、決心或強調某一說法。情緒性手勢是說話人內在情感和態度的自然流露，往往和表露出來的情

緒緊密結合、鮮明突出、生動具體，能給聽者留下深刻的印象。

2. 表意性手勢

即用手勢表明具體內容，表達特定含義。這些手勢大多數是約定俗成的，含義比較明確。如招手，表示讓對方過來；擺手，表示不要或禁止；揮手，表示再見或致意；豎大拇指，表示第一或稱讚；伸小指，表示最小或蔑視；用手指指自己的胸口，表示談論的是自己或跟自己有關的事情；伸出一隻手指向某個座位，是示意對方在該處就座等。手勢的表意動作也屬於人的一種自覺動作，也有特定場合、特殊情況下的手勢表意，如聾啞人的啞語主要透過手勢表意，還有交通指揮、體育裁判等。在某些公眾場合，語言不便使用，人們往往借助手勢表示特定的含義。

3. 象形性手勢

即用手勢來摹形狀物。如說東西很大時，用雙手合成一個大圓，說某人個子很矮時手往下一壓。象形性手勢能使所表達的內容更形象、更生動。

4. 象徵性手勢

即用手勢表達某一抽象的事物或概念。如說「我們一定要取得這次談判的勝利」時，手掌用力向前方劈去；說「迎接更加美好的明天」時張開雙手，徐徐向前；說「我們成功了」時雙手握拳，用力向上揮動。

除此之外，不同的手勢還能表現不同人的性格特徵。

有些人在發言時，常常會有一些手部動作，攤雙手、擺動手、相互拍打掌心，等等，是對他說話內容的強調。這種人無論在什麼場合都習慣於把自己塑造成一個領導型人物，做事果斷、自信心強，很有表現欲，性格大都屬於外向型。

一些人在講話時，會將手掌猛地往下一砍，表明他已經決斷或在特別強調自己說的某句話、某個詞。

會談時，特別是在會談陷入僵局時，有人會兩手不停地搓動，表明他已經沒有主意而陷於山窮水盡的地步了。

一些人在與人交談時習慣於不時地摸一摸頭

髮，他們一般都性格鮮明、個性突出、愛恨分明，嫉惡如仇。

一些人在說話時與別人拍拍打打，這種人通常修養不高，或者是故意與對方套交情。

當別人講話時，一些人以手在桌上叩擊出單調的節奏，或者用筆桿敲打桌面，同時腳跟在地板上打拍子，或抖動腳，或用腳尖輕拍，這種節奏並不中途停止，而是不斷地嗒嗒作響。這種現象就是在告訴人們，他已經對對方所講的話感到厭煩了。

一些人順手拿過或摸出一張紙來，在紙上亂塗亂畫之餘，還會欣賞或凝視自己的「作品」。這也是一種對別人的講話缺乏興趣的表現。

在社會交往中，誰都希望展現自己美好的形象，給別人留下一個好印象。但是一些不經意的小動作經常會為我們的形象抹黑，以上這些手勢語就是交往中的細節，它們通常對語言有巨大的輔助作用，有時甚至獨立起著表情達意的重要作用，足以引起我們的關注。

 # 發送名片有講究

現代社會，名片的作用越來越大，交換名片成為建立人際關係的第一步，一般宜在與人初識時，自我介紹或經他人介紹之後進行。發送名片也是有講究的，它直接影響著我們的形象和別人對你的印象。

對下一步要聯繫的業務人員或你感興趣的人，要主動把名片遞過去，表示願意與對方認識交往。

在取出名片準備送給別人時，要雙手輕托名片至齊胸的高度並將正面朝向對方，以方便別人接收時閱讀。如果人多而自己左手正拿著一疊名片，也應該用右手輕托，左手給以輔助，一張張地發給每個人，不要像發撲克牌一樣隨便亂丟。在遞給對方名片時，要注意對方的地位、身份以及雙方的關係。一般說來，名片有三種遞法：

1.手指併攏，將名片放在手掌上，用大拇指夾住名片的左端，恭敬地送到對方胸前。名片上的名字反向自己，使對方接到名片就可正讀，不必翻轉過來。

2.食指彎曲與大拇指分別夾住名片遞上。

3.雙手的食指和拇指分別夾住名片的左右端奉上。

以上三種遞法，都避免了「尖銳的指尖」指著對方的禁忌，其中尤以第三種為最恭敬。

當你接受他人名片時也要注意自己的形象。接名片時，應起身或欠身，面帶微笑，恭敬地用雙手的拇指和食指捏住名片的下方兩角，並輕聲說「謝謝」或「能得到您的名片十分榮幸」，如對方地位較高或有一定知名度，則可道一句「久仰大名」之類的讚美之詞。

接過別人的名片一定要先仔細看一下，名片看過之後（邊看邊讀出聲音來，效果也不錯），然後精心放入自己的名片夾或上衣口袋裡，也可以看後先放在桌子上，但不要隨手亂丟或在上面壓上杯子、資料夾等東西，那是很失禮的表現。另外，如果對方名字比較複雜或有不能確認的發音，最好能禮貌地向對方請教，無論如何總比下次見面時讀錯字，讓對方板著臉強很多。在這裡要特別注意的是，你一定要重複一

隨時表現你的修養

遍名片上的「名字+職務」。一定要把後邊的職務讀出來，如「張總經理」，不要只唸名字。

交換名片也要按一定次序。一般情況下雙方交換名片時是地位低的人先向地位高的人遞名片，男性先向女性遞名片。當然，相互不瞭解時就沒有先後之分了。在商務活動中，女性也可主動向男性遞名片。

當面前的交往對象不止一人時，應先將名片遞給職務較高或年齡較大的人，如分不清職務高低和年齡大小時，則可依照座次遞名片，應給對方在場的人每人一張，不要讓別人認為你厚此薄彼。如果自己這一方人較多，則讓地位高者先向對方遞送名片。另外，千萬不要用名片盒發名片，這樣會讓人們認為你不注重自己的內在價值，以為你的名片發不出去。

在接受了對方名片之後要對名片進行合理的管理和利用。為了查找和使用方便，你應學會分類收藏他人的名片。對個人名片可按姓氏筆劃分類，也可依據不同的交際關係分類。平時，你要留心他人職務、職業、住址、電話等情況的變動，並及時記下有關的變化，以便透過名片掌握每個朋友、每位客戶的真實

情況。

　　當然，為了加深你們的交往，你還可把對對方的瞭解，譬如他的愛好、興趣等記在名片上。待下次與這個人見面時，你不但能一下子說出他的名字，還能以他的愛好和興趣為話題，這樣，對方對你自然有好感。

　　名片雖小，但它卻是結識一位新朋友，成就一份事業，打開心鎖的一把鑰匙。在人際交往中，恰當地運用名片，注重與名片相關的各種禮儀，將會為我們進一步建立自己的形象打下堅實的基礎。

 接打電話也要講禮儀

　　打電話看似簡單，人人能撥，人人會打，但千萬別忽視了電話那一端的人對你的感受。具體到打出去的電話、接電話或撥錯了電話號碼、通話後掛機的先後等，都是很有學問的。注意一些打電話的禮節和打電話時的聲音、用語，是相當重要的，因為電話那一端的人能聽出你的魅力。

　　我們應把常用的電話號碼記在電話簿上並放在電話機旁或能隨手拿到的地方，這樣可在你需要時及時找到它。

　　接通電話後，應首先確認一下是否是你要找的個人或單位，如果對方說不是，那就是電話打錯了，你得馬上向對方道歉：「對不起，打錯了。」然後把話筒放回，再重新撥號，如果對方說是，你就請他幫你找接聽者。

　　打電話找到要找的人，應儘量減少無關的客套話，而談正事。如果你邀請某人赴宴，即應明確說

出：「××先生，這個星期日下午有空嗎」，而不是「星期日晚上您幹什麼」。因後者，對方不明白你的意圖，不好回答。如果對方提出的是「星期六晚上您幹什麼」之類意圖不明的問題，你可以既肯定也不否定的回答，請對方先把意圖說明，如可以回答：「星期六晚上是有些事，不過，您是不是有什麼提議？」當對方明確說出他的建議後，你便可以回答。如果一時不便作答，不必在電話中沉吟、猶豫，可以說：「讓我考慮一下再給您回電話，好嗎？」如果對方在電話中囉唆閒聊，你又不願聽，可以禮貌地提議：「××先生，要是您還有話要說，我們是不是約個時間再談，我現在正在忙！」

通話完畢，應友善地感謝對方：「打擾您了，對不起。謝謝您在百忙中接我的電話。」或者說：「和您通話我感到很高興。謝謝您，再見！」然後，等對方掛機後再將電話輕輕放下，而不能摔電話或重放電話。

總之，開頭的「你好」和「請」、「勞駕」、「麻煩你」之類的客氣話是必不可少的，絕不能用命

令式語氣或不客氣的語氣，如：「喂，我找×××」
或「叫×××接電話」等。

在家裡接到電話時，只需要說：「你好。」在
公司裡時，就要答：「××公司。」懂得電話禮節的
人就會自報姓名（或連同身份），同時說出要找的人
來。如果你本人就是對方要找的人，只要說一聲「我
就是」，就可以轉入正題。

在正式的商務交往中，接電話時拿起話筒所講
的第一句話，也有一定的要求，常見的有三種形式：

1.以問候語加上單位、部門的名稱以及個人的姓
名，這最為正式，例如，「您好！××公司財務部吳
曉萍。請講。」

2.以問候語加上單位、部門的名稱，或是問候
語加上部門名稱，這適用於一般場合，例如，「您
好！××公司人事部。請講。」「您好！人事部。請
講。」後一種形式，主要適用於由總機接轉的電話。

3.以問候語直接加上本人姓名，這僅適用於普通
的人際交往，例如，「您好！金士吉。請講。」

需要注意的是，在商務交往中，不允許接電話

時以「喂，喂」或者「你找誰呀」作為「見面禮」。特別是不能一張嘴就毫不客氣地查對方的「戶口」，一股腦地問人家「你是誰」或「有什麼事呀」。

電話鈴一旦響起，應立即停止自己所做之事，儘快予以接答。接聽電話是否及時，實質上反映了一個人待人接物的真實態度。

如有可能，在電話鈴響以後，應親自接聽，輕易不要讓別人代勞，尤其不要在家中讓小孩子代接電話。不要鈴響許久，甚至連打幾次之後才去接電話。這不能說明你派頭大，只能說明你妄自尊大。不過，鈴聲才響過一次就拿起電話也顯得操之過急。有時，還會令對方沒反應過來而大吃一驚，最好在鈴聲響過兩聲後再接聽。

打錯電話的情況常有，這是機械的錯誤，誰都沒有責任。如果懷疑打錯，就說出自己要打的電話號碼，不然，誤會將越來越深。

按照常規，電話交談結束後一般都是由打電話的那一方先掛，因為他有事情找別人，那麼事情說完自然是由他掛電話，這樣才算是有始有終。

幸福 Happiness 3 **隨時表現你的修養**

　　不過，假如對方是一位長者，可就不能照這規矩了。不管是你打過去還是他打過來，都應該在他掛了電話後，你才輕輕放下手中的話筒，以表示你對長輩的尊重。其次，溫和謙虛、合宜得當的尊敬語，是電話交談中不可或缺的，它就像一把鑰匙，能夠幫助你開啟對方的心扉。

　　在不恰當的時間打電話是很失禮的，尤其是打給長輩及年長者時，更應該注意時間是否恰當。現代社會晚睡的人很多，但也有許多人由於工作關係，作息時間並不一致，不要以自己的作息來規範別人。初次認識交換名片或互留電話時可先詢問對方方便接聽電話的時間。若對對方的作息不瞭解，那麼一般而言，早上9點之前與晚上9點以後打電話是較不恰當的。就算是打給熟識的親友，也最好先詢問對方是否方便接聽。

　　懂得電話禮儀，別讓細節破壞了自己的形象，是我們應該注意的。

生意場上，電話是與顧客溝通交流的有效途徑，接聽電話需要講究禮儀。有些年輕的職場人士，在這方面相當欠缺。往往在接聽電話時，還沒等對方說「再見」，就重重地掛上電話。不管你手頭有多少工作需要儘快處理，也不可粗魯地掛斷電話，這會讓對方感到你不懂禮貌，素質太低，對你產生壞印象。搞不好還會影響你與對方的溝通與交流，影響生意。

隨時表現你的修養

電話交談應注意什麼

　　隨著現代通信技術的發展，我們如果不懂得電話交談的技巧，會直接影響人際關係的建立。而作為一個員工、老闆，則更應該掌握電話交談的技巧，從而有效地與人溝通，給自己樹立良好的個人形象。

　　一般而言，電話交談的技巧主要有以下幾點：

1. 說出對方公司的全名

　　處於傳送資訊狀態的電話，我們稱為通話；而當通話中，傳入了第三者的聲音時，則稱之為私語。

　　例如：「林小姐嗎？請稍等，我幫你轉給夏先生。」「夏先生，林小姐的電話。」此時，夏先生如果大意，不管對方是否聽得到自己的嗓門，就說：「傷腦筋，你跟他說我不在。」這種話若被對方聽到了，人家一定會很生氣。

　　平常我們稱呼別人時，都會在名字後面加上先生或小姐作為尊稱。但對方如果是公司時，就常常省略而造成對方的不愉快。因此，無論對方是人或是公

司，我們都應秉持尊敬的態度稱呼他。不嫌麻煩地把對方公司的全名都說出來，才不至於讓對方認為我們沒有禮貌。

2. 音量適中

有活力的聲音最美，與人電話交談時更要保持活力和熱情，否則你的聲音會顯得十分疲倦、頹喪和消極。

如果你打電話時聲音變得愈來愈高，可以採用「鉛筆法」：手握一支鉛筆，舉到距離你約25.4釐米的地方，然後對著它說話。如果感到你的聲音在這個距離內顯得過高，就把鉛筆放在低於電話聽筒，或與茶几同高的位置，並提醒自己降低音調，運用共鳴。

3. 保持生動和關注

某些鳥類在它們對異性發生興趣時，會改變身體顏色來傳達愛意，螢火蟲則是用閃動的螢光表示求偶時刻的到來。你是否想過你在電話中說的「喂」傳遞了什麼樣的資訊？它很可能包容了你電話交談中的全部基調，它能表現出你的情緒：可能是隨意而鬆弛的，說明你正閒著；也可能是友好而活潑的，表面似

乎是說：「我很忙，不得不立刻掛掉電話。」其實可能非常粗魯無禮，預示著接下來是一場暴風驟雨。

要讓這聲「喂」真正傳遞出你所希望傳遞的意思。有些人說這個字時，顯得十分傲慢、冷淡，甚至帶有敵意，其實他們自己並不知道會這樣。因此，我們在電話中要特別注意「喂」的聲調和感情。

4. 以應答促成電話交談成功

面對面交談與電話交談時，聽者所注意的重點顯然不同。以前者而言，縱然說話失禮，也可以表情彌補。只要談話氣氛和樂，大致不會發生問題。

但電話交談則不然。往往會由於一句無心的話而得罪對方或招致誤解。無論以任何表情表示，也無法消除對方的生氣，因為對方看不見表情。

工作正忙碌時，卻接到客戶的電話，對方只是閒話家常，而且越談越起勁。雖然你想馬上結束談話，但又擔心得罪人，只好勉為其難地應付。隨著你的心情焦急，語氣從恭恭敬敬的「是」，改成「嗯」、「哦」。

漸漸的，對方會察覺你的態度不恭，而對你感

到不滿，但其實，對方根本不瞭解實情。因此，碰到這種情形時，不妨主動說明事實，以委婉的語氣結束交談。

由於電話交談純粹是語言溝通，應避免敷衍了事。此外，若是沉默時間太久，必然引起對方誤解，以為你沒有專心聽講。所以須趁對方說話告一段落時，插上一句「不錯」或「是啊」，促成談話順利進行。

通電話時看不見面部表情，因此須特別注意聲音，因為聲音也能反映表情。倘若感到不耐煩，對方照樣能從聲音中感應出來。

電話應對以讓對方感到受尊重最重要。我們要儘量避免一手握著電話聽筒，一手按著電腦，或一面喝茶一面接電話的情況。雖然電話交談彼此都看不見，但基本的禮貌是不可忽視的。

隨時表現你的修養

公共場合，避免「聽覺污染」

西方的一些溝通專家把聲音譽為「溝通中最強有力的樂器」，然而很多人卻不知道自己的聲音是壞了的樂器發出的噪音，其恐怖程度可媲美「超音波」，常常令周圍人深感頭痛。

范娜是公司新來的員工，剛剛大學畢業，性格活潑好動。這天公司在附近餐廳舉辦迎新會，以便新員工與老員工的進一步交流，為以後的公事交際打下基礎。范娜作為新員工代表發言，可能是性格原因，也可能是想在大家面前出出風頭，范娜開始了她的即興演講，只見她侃侃而談，超高分貝的聲音震懾全場，甚至連玻璃杯都在隱隱顫動。或許是對自己太過自信，范娜發表了半小時的演講後還意猶未盡，絲毫不顧主持人在一旁朝她使了半天眼色，還在那裡沒完沒了地講，經理看了直皺眉頭，在場的其他同事礙於情面又不好捂著耳朵，臨近門邊的同事都藉故閃出了

門外。

　　范娜原想透過即興發言給大家留下一個好的印象，誰知由於她的聲音過於刺耳，反而讓人感到不舒服，更何況她完全忘記了自己所處的場合和身份，只顧沒完沒了地「自我表現」，怎麼能不讓人頭痛呢？

　　語言溝通在宴會中是必不可少的，既然如此，我們必須注意塑造自己的聲音。要知道，動聽的聲音應該是飽滿的，充滿活力，能夠改變他人的情感，引起他人的共鳴。如果不注意聲音的塑造，以尖銳的聲音去獲取別人的注意力，只會在不經意間毀壞自己的形象。畢竟誰願意讓那會令自己頭痛的「超音波」刺激自己的雙耳，擾亂自己的聽覺神經，破壞自己的情緒呢？

　　我們無論在什麼樣的社交場合，無論男士還是女士，都要注意在社交進行中以生動的聲音表現自己，儘量避免自己的地方口音，力求以抑揚頓挫的聲調表現自己充滿激情的精神風貌。把握好音量，切忌不拘小節，以聲音踐躪宴會上的其他人，惹人生厭。

隨時表現你的修養

　　另外，在一些公共場合，諸如電梯裡的大聲喧嘩，在公共場所對著手機大聲講話等，其實，這些不僅讓你的形象打了折扣，也對別人構成了干擾和侵犯。

　　雖然手機等移動通訊工具極大的方便了我們的交際和聯絡，但是我們在使用時一定要嚴格遵守使用規則，否則就會有損自己的形象。

　　1.不要在公共場合，尤其是樓梯、電梯、路口、人行道等人來人往處旁若無人地大聲講話。

　　2.不得在要求「保持安靜」的公共場所，如醫院，電影院，公車等場所高聲對著手機喊叫。必要時，應當關閉手機或讓其處於靜音狀態。

　　3.在開會、會見等聚會場合，不能當眾使用手機，或與他人竊竊私語，以免給別人留下用心不專、不懂禮貌的壞印象。

　　我們在公共場合時一定要多多注意以上這些事項，避免給他人造成「聽覺污染」，同時也使自己的形象的大打折扣。

運用有風度的語言

　　風度是一個人涵養的外在表現，說話風度是一個人內在氣質的言語表現。增強自己形象魅力的一個重要途徑就是增加自己說話的風度。一個說話有風度的人，會令人仰慕不已、傾心無比。正如德國戲劇家萊辛所說：「風度是美的特殊再現形式。」

　　孔子說：「文質彬彬，然後君子。」風度正是外在語言和內在氣質的恰當配合。

　　首先，風度是一種品格和教養的表現。如果一個人沒有高尚的道德情操，沒有一定的文化修養，沒有優雅的個性情趣，其說話必然是粗俗鄙陋、瑣碎不雅。其次，風度是一種性格特徵的表現。比如性格溫柔寬容、沉靜多思的人，往往寥寥幾句的輕聲細語就能包含濃烈的感情成分；而粗獷豪放、性情耿直者，則說話開門見山、直來直去。再次，風度是涵養的一種表現。這主要表現在處理人際關係時，不卑不亢，雍容大度。最後，風度是一個人說話的遣詞造句、語

氣腔調、手勢表情等的綜合表現。如法官在法庭說話時，往往會正襟危坐、不苟言笑、咬文嚼字、邏輯縝密。

說話的風度是多種多樣、豐富多彩的。洋洋灑灑、侃侃而談是風度，隻言片語、適時而發也是風度；談笑風生、神采飛揚是風度，溫文爾雅、含而不露也是風度；解疑答難、沉吟再三是風度，話題飛轉、應對如流也是風度；輕聲慢語、彬彬有禮是風度，慷慨陳詞、英風豪氣也是風度。每個人在培養自己的說話風度時，應根據自己的性格特徵、情趣愛好、思維能力、知識結構等有所選擇。另外，同樣一個人，在不同的場合、不同的環境下，其說話的風度也是有所不同的。比如教師在課堂上講課與在家裡跟家人閒聊時，就會表現出兩種相差甚遠的風度。

說話的風度是人的一種自然特色，是與時代相吻合的。我們反對脫離時代追求風度；我們也反對脫離自己的個性、身份去講究風度。任何東施效顰、搔首弄姿、沒有個性的說話都毫無風度可言。

　　培養良好的談吐風度會讓你的形象魅力大大提升，讓更多的人關注你、樂意與你來往。

 # 熟知中西宴會的禮儀

宴會為一種交際媒介，在洽談業務、迎賓送客、聚朋會友、彼此溝通、傳遞友情等方面，發揮了獨特的作用，它代表了個人，乃至集體、公司的形象。因此，我們在參加這類宴會時，一定要注意相關的禮儀，以免失態。

1. 中式宴會的禮儀

中國人吃中餐是再自然不過的事情，還有什麼不明白的地方？可是，真要看大場面，仔細尋思起來，也有不少禮節必須再三叮嚀。

入座之後，首先將餐巾打開平放在膝上，千萬要記住，那是用來擦手指或嘴唇的，可別把它掛在頸項之間。席間若奉上毛巾，多半是為了方便你擦去吃螃蟹、炸雞等食物時手上所留的油漬，千萬不能用作他途。

至於餐具的使用，須注意的原則是：能用筷子取的，應以筷子夾取，不方便用筷子的才用湯匙，但

應避免用筷子或湯匙直接取菜送入口中，最好先置於自己的碗碟中，然後再慢慢吃。

用餐時，通常以右手夾菜盛湯，左手則扶碗、端碗，切忌右手拿筷，左手又持湯匙，更不可一手兼持筷子和湯匙。

在宴會中，主人敬酒時，你也必須回敬一杯。敬酒時，身子要端正，雙手舉起酒杯，待對方飲時即可跟著飲。如果是大規模的宴會，主人只能依次到各桌去敬酒，每一桌可派出代表到主人桌去向主人回敬。敬酒時，態度要從容大方。

用餐時，切忌狼吞虎嚥，呼嚕作聲；骨頭、魚刺等不可吐在桌布上，而應置於盛裝骨頭的專用碟中；取菜時也不可撥弄盤中的食物，或是站起來取用遠處的食物。

吃完之後，應該等大家都放下筷子，以及主人示意可以散席，才可離座。

向主人告辭，你照例得和主人握手，握手要用力一點，以表示誠懇。如果多人輪流與主人握手告別，你只要和主人握手道別即可，不宜耽擱主人的時

間。

2. 西式宴會的禮儀

參加西式宴會，首先應該向女主人打招呼，然後才輪到男主人。

西餐宴會中還有一個特點，就是席位的安排與中國人的宴會迥然不同。中國人請客一般都用圓桌，西餐是用長桌。男女主人，一般是在長桌的兩端，主賓的位子是在最接近主人的地方，女主賓坐在男主人的左邊，男主賓則坐在女主人的左邊。最接近男女主人右邊的位子，也是屬於主賓的。

宴會中的席位，主人事先大多有安排，在入席前，你要先看你的名卡在哪裡，然後入席，如果沒有排定座位，而你又不是主賓，那你可以坐在遠離主人的席位。但是，按照規矩，應該待主人或招待員請你入席時方可入座，不可自己闖上去，否則會被人笑話。

正式的宴會，通常是由服務員用大盤盛著食物托到你的面前，由你自己取食物到碟子裡。在這種情況下，通常在你的前面有一張餐單，你可以看餐單內

容而考慮你的食量，不要取得太多。

因為每個地方的飲食文化有所不同，按照西方人的習慣，如果你吃不完而把東西剩下是很不禮貌的，這表示你不喜歡主人的菜式。

在西式宴會中，如果你遲到了，所有賓客都已經就座，你要特別小心，不能驚動四座，也不能悄悄地溜入，甚至不敢望主人一眼，這樣是很失禮的。

當遇到這種情況時，你應該走近主人所指定的位置，向主人打招呼，然後坐下來，用點頭方式和賓客們打招呼。這個時候，女主人招呼你時，她不必站起來，因為她一站起來所有的男賓客就必須站起來，未免太過驚動全部的客人了。而在你的座位右邊的一個男賓客，就應該站起來，替你拉開椅子，你向他致謝後再坐下。

在宴會進行中，你應該和左右兩側的人輕輕說話，不可以隔著他們和另外的客人大聲說笑。

口中咀嚼食物時不要說話。如果你需要一些醬料，而它們又不在你的面前，你不能站起來伸手去取，而應該請鄰座遞給你。用完餐後，要等主人宣佈

散席才可輕輕離開座位。更重要的是，餐後必須逗留
一段時間才可告辭回家，以示禮貌。

　　熟知中西餐的禮儀，能讓我們表現得更得體、
更有修養。

掌握敬酒和勸酒的禮儀

　　不可否認，宴會作為一種交際媒介，在洽談業務、迎賓送客、聚朋會友、彼此溝通、傳遞友情等方面，發揮了獨特的作用，它代表了個人、集體、公司的形象，因此有必要引起注意。其中酒桌上的禮儀是宴會上一個突出的問題。

　　據說一位老總為了表示與客戶合作的誠意，一杯杯地喝那「合作酒」，結果把自己喝到桌子底下，把對方也全喝趴下了。酒醒後，客戶把本來準備好的合作項目取消了，因為他們不相信合作夥伴能把工作搞好。想想這位老總的主要錯誤在於他沒很好掌握酒桌上的禮儀，敬酒、勸酒過度，給人留下了一種極差的印象，以至於讓人誤解了他的「熱心腸」。

　　敬酒是一門學問。一般情況下敬酒應以年齡大小、職位高低、賓主身份為序，敬酒前一定要充分考慮好，分清主次。與不熟悉的人在一起喝酒，要先打聽一下對方身份或是留意對方如何稱呼，這一點心中

要有數，避免出現尷尬或傷感情的局面。敬酒時一定要把握好敬酒的順序。如果有求於某位客人時，在席上，對他自然要倍加恭敬，但是要注意，如果在場有更高身份或年長的人，就不應只對能幫你忙的人畢恭畢敬，而要先給尊者長者敬酒，不然會使大家都很難為情。

酒桌上不可避免地要勸酒，勸酒表現了主人的好客、熱情，所以勸酒過一點也無妨。有些人自己不愛喝酒，覺得喝多了沒有好處，因此席間對勸酒有顧慮，擔心讓人家喝多了似乎不懷好意。

其實，勸酒是件熱鬧事，勸酒時要勸到點子上，有叫得響的理由，說得對方高興了，喝兩杯也痛快。但特別注意的是勸酒與喝酒不是對等的。作為主人，一定要熱情相勸，至於客人喝不喝，喝多少並不重要，不必計較，請對方隨意。但是，有的人總喜歡把酒場當戰場，想方法勸別人多喝幾杯，認為不喝到量就是不給面子。「以酒論英雄」，對酒量大的人還可以，酒量小的就痛苦了，有時過分地勸酒，會將原有的氣氛完全破壞。

雖說席上勸酒要熱情，但仍要以少喝為佳，不論主客都一樣。不勸不熱鬧，但也不能一勸就喝，喝多了也不好。勸酒人不知道你的酒量，你自己應該明白。不管對方如何勸，自己要把握分寸。他勸你喝，你也可以勸他喝。切記：酒席以勸為主，不是以喝為主，一勸就喝跟沒有人勸自己喝一樣沒有情趣。

無論是敬酒還是勸酒都少不了要說話，酒桌上的語言交流可以顯示出一個人的才華、學識、修養和交際風度，有時詼諧幽默的語言，會給人留下很深的印象，使人無形中對你產生好感。所以，在酒桌上你應該知道什麼時候該說什麼話，語言得當，詼諧幽默很關鍵。

大家都記得《紅樓夢》中劉姥姥進大觀園那一節，在酒桌上，劉姥姥的話語詼諧幽默，以至賈府上下都很快活，因此對她就另眼相看，待她甚好。就是現在的日常禮儀也好、商務禮儀也罷，要想說笑話，就要無傷大雅，又能活躍氣氛才行。曾經有一度十分流行那種低俗下流的笑話，這宴會上是很不妥當的，尤其在商務宴會中更是不可取。它會將你原本的好形

象毀於一旦，根本就無助於你事業的發展。

在酒桌上一定要注意自己的禮儀，以免失態，讓自己的形象一落千丈。

關於宴會吃喝的禮儀

在宴會上有一定的禮儀規範，不像在家吃飯喝茶那樣隨便，優雅的舉止表現了你的道德修養，樹立起你的好形象，也表現出你對別人應有的禮貌。

有一次，一位外國人舉辦一個小型宴會，宴會上有親朋好友和幾個合作夥伴。宴會開始後，在座的各位都顯得彬彬有禮，但是當他們進餐時，李總不知何故，把湯喝得「吱吱」作響，惹得別人都看他，他卻渾然不覺。但是從此以後，這位外國人對李總就很冷淡了，生意上也不像原來那樣熱情。

這個事例告訴我們，宴會中吃喝禮儀給別人的印象是何等重要，因此要多多瞭解關於吃喝的禮儀。

1. 吃的禮儀

吃飯時，最忌諱表現出貪吃的樣子。如飯前眼睛直直地盯著餐桌上的菜，進餐時狼吞虎嚥等，這些

都是不禮貌的行為。正確的做法是：入席落座後，菜沒上齊前，可與大家聊聊天；進餐時，應細嚼慢嚥，這不但有利於品味和消化，而且符合餐桌上的禮儀要求。

進餐時，不要自私和挑食。不要搶先夾菜和用力翻動菜餚，一次夾菜不要太多。吃到不合自己口味的菜，切不可吐舌等。注意可用餐巾擦嘴和手，不可用餐巾擦桌子等。

剛端上桌的菜湯很熱，為了降溫，有人習慣用嘴去吹，這樣既不雅觀，也不衛生。正確的做法是：當湯太熱難以馬上入口時，可將湯舀入自己的碗內，輕輕地舀一舀，待降溫後再喝。

喝湯應用湯匙一勺一勺舀著喝，注意不要發出大的聲響。當湯快喝完時，可用左手端碗，將碗向內傾斜，用右手持湯匙舀著喝，而不要口對碗邊一飲而盡。

招待客人時，主人通常會端上水果。在涉外的活動中，禁止直接用手拿著水果吃。吃蘋果和梨，應用水果刀將其切成4～8瓣，去掉皮、核後，再用叉子

取食。還有一種吃法，是先將蘋果或梨豎放在盤中，沿著縱向切下一角，先去掉核，用叉子叉住，再去皮，切成小塊食用。

吃水果之前，手應洗淨。不論見到多麼稀罕、多麼好吃的水果，也不能悄悄裝入口袋拿走。吃水果時不宜一下把嘴塞滿，而應一小口一小口地吃，不要邊吃邊談，更不允許把果皮和果核亂吐、亂扔。

2. 喝的禮儀

西方常以茶會招待賓客，茶會通常在下午4時左右開始，設在客廳之內，準備好座位和茶几就行了，不必安排座次。茶會上除飲茶之外，還可以上一些點心或風味小吃。

國內有時也以茶會招待外賓。我國舊時有以再三請茶作為提醒客人應當告辭的做法，因此在招待老年人或海外華人時要注意，不要一而再、再而三地勸其飲茶。

不少國家有飲茶的習慣，飲茶的講究更是千奇百怪的。日本人崇尚茶道，把飲茶作為陶冶人靈性的一種藝術。以茶道招待客人，重在渲染一種氣氛，至

於茶則每人小小的一碗，或全體參加者輪流飲用一碗，不能喝了一碗又一碗。

到我們茶館裡去尋訪民俗的外賓越來越多。在茶館裡遇上外賓同桌飲茶，應以禮相待，既不要過分冷淡，也不要過分熱情，不卑不亢就行了。

此外，喝咖啡也是一種流行趨勢，現在得到越來越多人的認可和喜愛，喝咖啡表現了一種優雅和溫馨。

在咖啡屋裡，舉止要文明，不要老盯視他人看人。交談的聲音越輕越好，千萬不要不顧場合而高談闊論。

掌握了這些有關吃喝的禮儀，有助於我們塑造形象，有助於讓你贏得別人的尊敬，讓你在通往成功的道路上更加順利。

離席的時候也不要忘記禮儀

當我們參加宴會時，不管是中途離席，還是宴會結束後離席，都不能悄無聲息地離開。常見一些宴會進行得正熱烈的時候，因為有人想離開，而引起眾人一哄而散的結果，使主辦人急得直跳腳。還有一些人酒足飯飽之後，連聲招呼都不打就離開了，弄得主辦人很不高興。宴會上一定要注意避免這類煞風景的後果。

因此，我們，當你要離開時，一定要掌握一些技巧，以免引起主人的不快，破壞彼此的關係。

1. 中途離席的技巧

（1）選擇適當時機告別

當有人中途離席時，整個氣氛勢必會受影響，談話也會被迫中止，轉而將視線集中在那些離席的人身上。所以一定要注意選擇告辭時機，不要在大家聊天聊得正熱烈時或重要的事情還未宣佈前就離開，最好的時機是在大家都用餐完畢的時候。

隨時表現你的修養

（2）不可不知會一聲而自行離開

客人如確有急事需先行告辭，應向主人說明原因，表示歉意；同時，為了不影響他人，可以請同桌其他的人待久一點，繼續剛剛的話題，同時表示歉意，說明自己是真的有要事在身必須先告辭，不是故意要掃大家的興。

2. 宴請結束時離席

（1）掌握宴請結束的時間

一般宴會，女主人（或男主人）把餐巾放在桌子上或者從餐桌旁站起身來——這就表明，宴會結束了。只有看到這種信號以後，賓客才可以把自己的餐巾放下，站起身來。

出席雞尾酒會的客人應按請帖上寫明的時間起身告辭。如果接到的是口頭邀請（因此沒有說明時間），則應該認為酒會將進行兩個小時。如果有一位客人遲遲不走，而主人又另有晚餐之約，那主人就應該婉轉說明。

如果客人長時間地默默無語，或是反覆地看錶，都是在向對方發出「用餐可以到此結束」的信

號。只是在此問題上，主人往往需要負起更大的責任。尤其是在客人需要「趕時間」去忙別的事情，或者賓主雙方接下來，還有其他事要辦時，主人更是應當掌握好時間，使工作餐適時地宣告結束。

（2）注意離席禮節

注意先後。離席時讓身份高者、年長者和婦女先走，貴賓一般是第一位告辭的人，身份同等可同時離座。

起身輕穩。離開餐桌時，不應把坐椅拉開就走，而應把椅子再挪回原處；男士應該幫助身邊的女士移開坐椅，然後再把坐椅放回餐桌邊。要注意，有些餐廳比較擁擠，椅背緊靠，貿然起身，或使手提包、衣服等掉在地上，或是碰到人，打翻茶水、菜餚，失禮又尷尬！所以動作要緩慢輕穩，不能猛起猛出，最好不發出聲響。

自左離開。同入座一樣，堅持「左入左出」，禮貌離座。

站好再走。離座要自然穩當，右腳向後收半步，然後起立，起立後右腳與左腳並齊，再從容移

隨時表現你的修養

步。站好再走是動作穩健的表現，而匆忙離去或跌跌
撞撞，則是舉止輕浮的表現。

　　在散席時，客人要向主人表達謝意，然後握手
告別，並與其他客人告別。在離席的時候，我們也一
定要切記禮儀，免得破壞了自身的形象。

「身送七步」，注重送客的禮節

俗話說：「出迎三步，身送七步。」在應酬接待中，許多我們對客戶的迎接禮儀往往熱烈隆重，卻常常忽視了對客戶的歡送禮物，這樣就常常給人以「人一走茶就涼」的悲涼感，無形中引起別人的反感，為自己的成功增加了阻力。

在中國的應酬，許多的知名企業家都深知「身送七步」的重要性，也格外注意送人的禮節，中國商業的巨人李嘉誠就是其中一個絕佳的典範。

一位內地企業家在接受電視採訪時談到了他去李嘉誠辦公室拜訪李嘉誠的經歷。那天，李嘉誠和兒子一起接見了他。會談結束之後，李嘉誠起身從辦公室陪他出來，送他到電梯口。更讓人驚歎的是，李嘉誠不是送到即走，而是一直等到電梯上來，他進去了，再舉手告別，一直等到電梯門合上。身為亞洲首富的李嘉誠日理萬機，可是他依舊注重禮節，嚴格遵

循「身送七步」的禮儀，親自送客，沒有一絲一毫的
怠慢之舉。這位內地企業家面對著電視機前的億萬觀
眾動情地說：「李嘉誠這麼大年紀了，對我們晚輩如
此尊重，他不成功都難。」

「身送七步」，是商業巨人李嘉誠都不忘的待
客禮儀，經常在應酬場上的人更要銘記在心，以實際
行動給客戶貼心之感，才能拉近和客戶的心理距離，
促成、促進合作。

因此，送客時我們應注意以下幾點：

1. 讓客戶先起身

當客戶提出告辭時，要等客戶起身後再站起來
相送，切忌沒等客戶起身，自己先於客戶起立相送。
更不能嘴裡說再見，而手中卻還忙著自己的事，甚至
連眼神也沒有轉到客戶身上。

2. 送客也不失熱忱

當客戶起身告辭時，應馬上站起來，主動為客
戶取下衣帽，幫他穿上，與客戶握手告別，同時選擇
最合適的言詞送別，如希望下次再來等禮貌用語。每

次見面結束，都要以將再次見面的心情來恭送對方回去。尤其對初次來訪的客戶更熱情、周到、細緻。

3. 代客提重物

當客戶帶有較多或較重的物品，送客時應幫客戶代提重物。與客戶在門口、電梯口或汽車旁告別時，要與客戶握手，目送客戶上車或離開，要以恭敬真誠的態度，笑容可掬地送客，不要急於返回，應鞠躬揮手致意，待客戶移出視線後，才可結束告別儀式。否則，當客戶走完一段再回頭致意時，發現主人已經不在，心裡會很不是滋味。

4. 晚一步關門

許多時候，商務人士將客戶送出門外，不等客戶走遠，就砰的一聲將門關上，往往給客戶類似「閉門羹」的惡劣感覺，並且很有可能因此而「砰」掉客戶來訪期間培養起來的所有情感。因此，商務認識在送客返身進屋後，應將房門輕輕關上，不要使其發出聲響，最好是等客戶遠離後再輕聲關上門。

　　心理學上不但有首因效應，也有「末因效應」
——「最初的」和「最後的」資訊，都能給人們留
下深刻印象，「最初的」印象尚可彌補，而「最後
的」資訊往往無法改變——「送往」的意義大於「迎
來」。做到「出迎三步」，你的商務應酬級別只能屬
於初步及格水準，做到「身送七步」，你才能邁入商
務應酬優秀者的行列，我們要格外注意。

風尚男人的禮儀禁忌

中國是個禮儀大國，關於風尚男人的禮儀有很多，可能你記不過來。禮儀專家張曉梅女士指出了紳士男人的八大禮儀禁忌，能夠避免這些禁忌，接下來的禮儀就容易多了。

1. 缺乏女士優先意識

「Lady first！」這句漂亮的英文，有多少男人能做到呢？在《鐵達尼號》中，當鐵達尼號緩緩下沉時，樂隊的紳士泰然自若地拉著小提琴，讓女人和孩子先行，那一感人至深的時刻，讓人難以忘懷。「女士優先」是衡量一個男人是否風尚的重要標準。然而，現實中的很多男人的做法卻是不盡如人意。公共場所，例如候機室，常有男人將自己的行李占去好幾個座位，即便身邊站著女人依然泰然自若。而在公車或地鐵裡，更有男人不惜花費力氣和女人爭搶座位，這都是不可取的。

2. 不顧形象

衣冠不整，衣物或飾品上汙跡點點；頭髮油膩，鼻毛外露，鬍子雜亂；指甲存著污垢，耳朵裡的邊沿上掉著白花花的雜片；有體臭；長時間不洗澡，不換內衣、內褲。

3. 打扮女性化

男人應該有男人的樣子，盡顯陽剛之氣。然而，有的男人打扮得比女人還妖豔，這就讓人從心裡沒有好感。

4. 公共場合無約束

禮儀的一大原則是不干擾和妨礙他人。有的男人在公共場合，隨地吐痰，到處亂丟廢物；不注意控制音量，唯恐別人不知道自己的存在。

5. 不預約不守時

如果事先沒有預約，最好還是不要冒昧地闖入他人的住處。如果預約，最好不要提前和遲到。提前會擾亂對方的安排，讓人局促或措手不及；遲到會耽誤別人的時間。提前了，要等待準時後再進入，迫不得已而遲到時，要提前給對方足夠的理由解釋。當然，隨意更改約會更不禮貌。

6. 就餐電話頻繁

手機使用過頻，又總在席間接聽。用餐時應儘量關閉手機，或避免接聽電話，重要來電應盡可能簡短，稍長重要通話應和同桌人說「對不起，我接個電話」，之後離席接聽。

7. 說話帶髒字

有的男人說話時髒字不斷，不僅不以之為恥，而且還以之為個性。實際上，愛說髒話的男人，骨子裡潛伏著的是粗俗。

8. 隨意超越距離

不同的男女關係，要能控制適度的距離。有的男人總習慣把臉湊到女士臉旁，身體前伸，手搭到女同事的坐椅靠背上。通常1～1.5米是社交距離，1米以內是私人距離，貼近肌膚是親密距離。

作為男士，在與女士交往時一定要特別注意自己的言行，防止觸犯這些禮儀禁忌，隨時表現自己的修養，樹立自己良好的社交形象。

隨時表現你的修養

 # 魅力女人應注意的禮儀細節

想打造社交中魅力四射的形象，女性除了要掌握基本的禮節外，還應注意以下這些細節，從而成就自己的完美形象。

1. 要有飽滿的精神狀態

愁眉苦臉、心事重重的樣子在社交場合是不受歡迎的；委靡不振、無精打采，別人會感到興味索然，無法與你交往。但若是精力充沛、神采奕奕，就能使對方感到你富有活力，交往氣氛自然就活躍了。

2. 要有出色的儀表禮節

對女人來說，動人的風度和儀表比美貌更重要。

容貌姣好的人，並不代表她的儀表也美；同樣的，舉止儀表優美的人，也並不一定容貌漂亮。有些女人雖然容貌平凡，但由於她有優美的風度，反而更吸引人。衣冠不整，或者不修邊幅的人，常會令人生厭。儀表出眾、禮節周到能為女性增添無窮的魅力。

3. 要有誠懇的待人態度

端莊而不矜持冷漠，謙遜而不矯揉造作，就會使人感到你誠懇而坦率，交往興趣也隨之變濃。但如果你說話支支吾吾、躲躲閃閃，別人會感覺你缺乏誠意，從此疏遠你。

4. 避免沒有教養的行為

一個女人要在各種社交場合上給人留下美好印象，就一定要注意風度與儀態。

（1）不要耳語。在眾目睽睽下與同伴耳語是很不禮貌的事。耳語可被視為不信任在場人士所採取的防範措施，要是你在社交場合老是耳語，不但會招惹別人的注視，而且會令別人對你的教養表示懷疑。

（2）不要說長道短。饒舌的女人肯定不是有風度教養的女人。在社交場合說長道短、揭人隱私，必定會惹人反感。再者，這種場合的「聽眾」雖是陌生人居多，但所謂「壞事傳千里」，只怕你不禮貌、不道德的形象從此傳揚開去，別人──特別是男士，自然對你「敬而遠之」。

（3）不要閉口不言。面對初相識的陌生人，也

可以由交談幾句無關緊要的話開始，待引起對方及自己談話的興趣時，便可自然地談笑風生。若老坐著閉口不語，一臉肅穆的表情，便跟歡愉的宴會氣氛格格不入了。

（4）不要失聲大笑。不管你聽到什麼「驚天動地」的趣事，在社交場合中，都要保持儀態，頂多一個燦爛笑容即止，不然就要貽笑大方了。

（5）不要滔滔不絕。在社交場合中，若有男士與你攀談，你必須保持落落大方的態度，簡單回答幾句即可。切忌忙不迭向人「報告」自己的身世，或向對方詳加打探，要不然會把人家嚇跑，或被視作長舌婦了。

（6）不要扭捏作態。在社交場合，假如發覺有人常常注視你——特別是男士，你也要表現得從容鎮靜。若對方是從前跟你有過一面之緣的人，你可以自然地跟他打個招呼，但不可過分熱情，或過分冷淡，免得影響風度。若對方跟你素未謀面，你也不要太過於扭捏作態，又或怒視對方，有技巧地離開他的視線範圍即可。

（7）不要當眾化妝。在大庭廣眾下打粉、塗口紅都是很不禮貌的事。要是你需要修補臉上的妝，必須到洗手間或附近的化妝間去。

（8）不要大殺風景。參加社交活動，別人都期望見到一張張笑臉，因此縱然你內心有什麼悲傷，或情緒低落，表面上無論如何都應表現出笑容可掬的親切態度。

　　禮儀是現代女性的處世之本，是魅力女性的潛在資本。俄國作家契訶夫說過：「不和男人交際的女人漸漸變得憔悴，不和女人交際的男人漸漸變得遲鈍。」社交中的女人是「香氣四溢的花叢中，自然有蜂兒像雲朵一樣地聚集」。社交中得體的禮儀不僅可以展現女人的教養，品質和風度，還表現出了女人對社會的認知水準、學識修養和價值取向。因此，在社交中，女人一定要多多注意自己的禮儀。

CHAPTER 4
表面功夫要做足

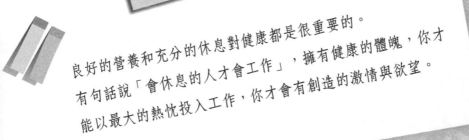

良好的營養和充分的休息對健康都是很重要的。
有句話說「會休息的人才會工作」，擁有健康的體魄，你才
能以最大的熱忱投入工作，你才會有創造的激情與欲望。

讓自己看起來就像個成功者

「人靠衣裝，佛靠金裝。」一個人若有一套好衣服配著，讓自己看起來就像個成功者，他的身價可能就提高了一個層次，而且在心理上和氣氛上也增強了自己人際交往的信心。

著裝藝術不僅給人以好感，同時還直接反映出一個人的修養、氣質與情操，它往往能在對方尚未認識你或你的才華之前，向別人透露出你是何種人物。因此，在這方面稍下一點工夫，是會事半功倍的。

美國商人希爾在創業之初，就意識到了服飾對人際交往的作用，他清楚地認識到，商業社會中，一般人是根據一個人的衣著來判斷對方的實力的，因此他首先去拜訪裁縫。靠著往日的信用，希爾訂做了三套昂貴的西服，共花了275美元，而當時他的口袋裡僅有不到1美元的零錢。然後，他又買了一整套最好的襯衫、衣領、領帶、吊帶及內衣褲，而這時他的債

務已經達到了675美元。

　　每天早上，他都會身穿一套全新的衣服，在同一個時間裡，同一個街道跟某位富裕的出版商「邂逅」相遇，希爾每天都和他打招呼，並偶爾聊上一兩分鐘。這種例行性會面大約進行了一星期之後，出版商開始主動與希爾搭話，並說：「你看起來混得相當不錯。」

　　接著出版商便想知道希爾從事哪種行業。因為希爾的衣著所表現出來的這種極有成就的氣質，再加上每天一套不同的新衣服，已引起了出版商極大的好奇心，這正是希爾盼望發生的情況。希爾於是很輕鬆地告訴出版商：「我正在籌備一份新雜誌，打算在近期內爭取出版，雜誌的名稱為《希爾的黃金定律》。」出版商說：「我是從事雜誌印刷及發行的。也許，我也可以幫你的忙。」

　　這正是希爾所等候的那一刻，而當他購買這些新衣服時，他心中已想到了這一刻，以及他們所站立的這塊土地，幾乎分毫不差。後來，這位出版商邀請希爾到他的俱樂部，和他共進午餐，在咖啡和午餐尚

未送上桌前，已「說服了希爾」答應和他簽合約，由他負責印刷及發行希爾的雜誌。希爾甚至「答應」允許他提供資金並不收取任何利息。

發行《希爾的黃金定律》這本雜誌所需要的資金至少在3萬美元以上，而其中的每一分錢都是從漂亮衣服所創造的「幌子」上籌集來的。

希爾的成功很有力地證明了衣裝對一個人在人際交往中所起的巨大作用，如果當初他根本不注重衣裝，讓自己看起來與成功無緣，那麼那位出版商肯定連看都不願看他，更不會幫他出版雜誌了。

一般的年輕人要讓自己看起來就像個成功者，有以下三條最基本的原則不可忘記：

1. 根據自己的角色需要選擇合適的穿著

每個人都有他特定的社會角色，這種角色又有特定的言行、服飾。例如，社會地位較高的人應該外表端莊、衣著整潔。如果不顧形象就會影響到交際效果。

2. 在不同的環境選擇不同的衣著

表面功夫要做足

不同的環境需要穿著不同風格的衣服，例如接到一些商務酒會的邀請，你就不可能穿休閒裝去赴宴。當然，有時特定環境對衣著有特定的要求。這時，在衣著服飾上就應服從交際環境，不惜犧牲個性風格進行獨具匠心的選擇。

3. 著裝要表現出個性風采

在符合角色的要求下，可以適當提倡衣著的個性化。除了像員警等要求統一著裝的職業外，其他人在衣著上有廣泛的選擇餘地。可以根據自己的愛好、氣質修養、審美情趣進行選擇，以展現自己與眾不同的風采。

衣著對一個人的外表影響非常之大，大多數人對別人的認識，可以說是從其衣著開始的。它就像是一種無聲的語言，不但能給對方留下一定的審美觀感，而且它還能反映出你個人的氣質、性格和內心世界。

年輕人若想獲得成功，從現在起，首先讓自己起來像個成功者吧！

健康是良好形象的首要條件

　　如果沒有健康的身體，所有的內涵和美好形象就失去了根本的作用。得體的儀容、優雅的舉止、恰當的談吐、內在的修養都要依附健康的體魄才能得以展示，如果沒有了健康，再靚麗的容顏、再卓越的能力都不會存在，人就會像一朵幾近枯萎的鮮花，沒了讓人心動的生命力。健康使人充滿生機與活力，讓皮膚光潔而有彈性，使動作瀟灑而穩健，所以，保持好形象，擁有一個健康的體魄絕對是必要條件。

　　古希臘哲學家赫拉克里特曾這樣指出：「如果沒有健康，智慧就難以表現，文化無從施展，力量不能戰鬥，財富變成廢物，知識也無法利用。」阿拉伯有句諺語：「有了健康就有了希望，有了希望就有了一切。」

　　試想，一個病懨懨的人，誰能相信他有能力勝任一項重要的工作，更不可能作為領導者去帶領一個團隊。現代社會需要的是精壯強幹的人才，美麗的

「病西施」並不受青睞。當人們面對你時，希望看到的是一個臉色紅潤，面容中透著健康的活力與神采的人，這樣別人才會信賴你，才會對你寄予成功的希望與信心。

偉大的人物往往更重視健康的作用，他們有著旺盛的生命力，因而身體中煥發出的生命力是巨大的。這種力量是布瑞漢姆領主連續工作176個小時的狂熱；是拿破崙24小時不離馬鞍的精神；是佛蘭克林70歲高齡還露營野外的執著；是格萊斯頓以84歲的高齡還能緊握船舵，每天行走數公里，到了85歲時還能砍倒大樹的力量，凡此種種，無不依賴於健康的身體。

而現在，英年早逝的現象已經不再少見。有些年輕人還不到30歲，就已顯得老態龍鍾。他們毫無顧忌地揮霍著寶貴的腦力、才能和體格，還不到中年，他們已經把自己的身體弄得像年久失修的機器。他們損耗腦力的方法更是五花八門，比如，動不動就發怒、煩躁、苦惱、憂鬱，這些心理與其他的壞習慣比起來，對生命的損害不知道要厲害多少倍！

有一個非常有名的比喻，名利、金錢等都是0，而健康是1，有了這個1，後面的0才會有價值、有意義，而如果沒有這個1，即使再多的0也是一無所有。

　　那麼，保持健康體魄需要何種條件呢？

　　健康是身體外表諸因素中最重要的因素。滿意的健康狀況，會從一個人的眼神、氣色、嗓音以及肌肉運動中顯示出來。如果健康狀況不佳，缺乏生氣，就會給人一種衰弱無力，或者似有隱疾而煩躁不安的印象。要想使你的形象更富有吸引力，保持健康是必不可少的。

　　良好的營養和充分的休息對健康都是很重要的。有句話說「會休息的人才會工作」，擁有健康的體魄，你才能以最大的熱忱投入工作，你才會有創造的激情與欲望。

表面功夫要做足

 # 選擇合適著裝應注意TPO原則

TPO是西方人提出的服飾穿戴原則，分別是英文中時間（Time）、地點（Place）、場合（Occasion）三個單詞的縮寫。穿著的TPO原則，要求年輕人在著裝時以時間、地點、場合三項因素為准。

1. 時間原則

時間既指每一天的早、中、晚三個時間段，也包括每年春、夏、秋、冬的季節更替，以及人生的不同年齡階段。時間原則要求著裝考慮時間因素，做到隨「時」更衣。

通常，早晨人們在家中或進行戶外活動，如在家中盥洗用餐或者外出跑步做操健身，著裝應方便、隨意，可以選擇運動服、便裝、休閒服。

工作時間的著裝，應根據工作特點和性質，以服務於工作、莊重大方為原則。晚間宴會、舞會、音樂會之類的正式社會活動居多。人們的交往距離相對縮小，服飾給予人們視覺和心理上的感受程度相對增

強。因此，晚間穿著應講究一些，以晚禮服為宜。

服飾應當隨著一年四季的變化而更替變換，不宜標新立異、打破常規。

夏季以涼爽、輕柔、簡潔為著裝格調，在使自己涼爽舒服的同時，讓服飾色彩與款式給予他人視覺和心理上的好感受。夏天，層疊皺折過多、色彩濃重的服飾不僅使人燥熱難耐，而且一旦出汗就會影響女士面部的化妝效果。

冬季應以保暖、輕便為著裝原則，避免臃腫不堪，也要避免要風度不要溫度，為形體美觀而著裝太單薄。應該注意，即使同是裙裝，在夏天，材料應是輕薄型的，冬天要穿材料厚的裙子。春秋兩季可選擇的範圍會更大更多一些。

2. 地點原則

地點原則代表地方、場所、位置不同，著裝應有所區別，特定的環境應配以與之相適應、相協調的服飾，才能獲得視覺和心理上的和諧美感。比如，穿著只有在正式的工作環境才合適的職業服裝去娛樂、購物、休閒、觀光，或者穿著牛仔服、網球裙、運動

衣、休閒服進入辦公場所和社交場地，都是環境不和諧的表現。

3. 場合原則

在不同的時間和地點穿衣有不同的要求，而從場合看，大致可以分為三類，即公務場合、社交場合和休閒場合。

（1）公務場合

公務場合是指上班處理公務的時間。在公務場合，本身的著裝不可以強調個性，突出性別，過於時髦，或是顯得過於隨便，應當是既端正大方，又嚴守傳統。最為標準的是深色的毛料套裝、套裙或制服。

具體而言，男士最好是身著藏藍色、灰色的西裝，內穿白色襯衫，腳穿深色襪子、黑色皮鞋。穿西裝套裝時，必須打領帶。女士的最佳衣著是：身著單一色的西服套裙，內穿白色襯衫，腳穿肉色長筒絲襪和黑色高跟鞋。有時，穿著單一色彩的連衣裙亦可，盡量不要選擇以長褲為下裝的套裝。公務場合不宜穿過於骯髒、殘破、暴露、透視、短小、緊身服裝。

（2）社交場合

社交場合是指人們在公務活動之外的，在公共場所裡與其他人進行交際應酬的時間。在此場合中著裝要重點突出「時尚個性」的風格，既不要保守從眾，也不宜隨便邋遢。在參加宴會。酒會和舞會時，著裝時主要有時裝、禮服、具有特色的服裝以及個人縫製的服裝。

　　需要特別加以說明的是：在許多的國家裡，人們出席隆重的社交活動時，有穿禮服的習慣。在西方國家參加這樣的宴會時，男士要穿著最正規的大禮服，女士則穿著袒胸、露背、拖地的單色連衣裙式服裝。而我們目前最廣泛的是男士穿黑色的西裝套裝，女士則是單色的旗袍或是下擺長於膝部的連衣裙。

　　（3）休閒場合

　　休閒場合，此處所指的是人們置身於閒暇地點，用於在公務、社交之外，一人獨處，或是在公共場合與不相識者共處的時間。居家、健身、旅遊、娛樂、逛街等等，都屬於休閒活動。休閒場合對於服裝款式的基本要求是：舒適、方便、自然。

　　符合這一要求，適用於休閒場合的服裝款式

表面功夫要做足

為：家居裝、牛仔褲、運動裝、沙灘裝，等等。不適
合在休閒場合穿著的服裝款式則有：制服、套裙、套
裝、工作服、禮服、時裝，等等。

　　根據時間、地點和場合選擇著裝，能避免因穿
錯服裝而引起的不必要的尷尬，也能因身著合適的服
裝而提升自己的形象。

商務場合著裝的黃金法則

古希臘「和諧就是美」的美學觀點在服飾美中得到了最充分的表現。既然服飾的美在於和諧統一的整體視覺效果，那麼，服飾穿戴基本原則也許會使你從中得到某些啟示，從而能正確地穿著西裝，在商務場合盡情展現迷人的魅力。

1. 男士西裝禮儀

男士著西裝在許多場合都會應用，尤其在正式、隆重的商務洽談等場合，更是必需的著裝，而穿西裝是有許多注意事項的，如：

（1）西服上衣袖子應比襯衫袖短1～3釐米，千萬不要忘記摘除袖口的商標。

（2）西服的上衣、褲子口袋內不能鼓鼓的。

（3）西褲不能太短，標準的西褲長度為褲管蓋住皮鞋。手不能常插在褲袋內。

（4）襯衫不能放在西褲外。

（5）襯衫領子不能太大，佩戴領帶時一定要扣

好全部的襯衫扣子，衣領與脖子之間不能存在空隙。

（6）領帶的顏色不應太刺眼。

（7）領帶不能太短，一般領帶長度應是領帶頭蓋住皮帶扣。

（8）不能不扣襯衫扣子就打領帶。

（9）西服不能配運動鞋。

（10）皮鞋和鞋帶顏色應協調。皮鞋和鞋帶、襪子顏色應協調，襪子的顏色應比西服的顏色深。

2. 女士西裝禮儀

（1）女子著西服，比較正規的場合，宜穿成套西裝以示莊重；比較隨便的場合，則西裝與不同質地、顏色的裙子、褲子搭配更顯瀟灑、親切。

（2）與其他女時裝追求寬鬆或緊身的著裝效果不同，西裝十分強調合體，過小了顯得拘謹、局促；過大了則鬆垮、呆板，毫無風度。

（3）要講究服飾搭配效果。不打領帶時，可選擇領口帶有花邊點綴或飄帶領的襯衫；內穿素色羊毛衫時，還可在領口佩戴精巧的水鑽飾件。

（4）不能因為內衣好看就將領子層層地翻出

來；穿西裝時鞋襪、皮包或手袋要配套，要有主題，不凌亂。

（5）職業女性挑選西裝時，選擇基本色最好，不需要流行的顏色，黑、褐、灰或者條紋、碎點的圖案比較好。材料質地要以講究品質為先。

（6）西裝的肩要平直、對稱，領是直線V字形，高低適中，胸圍和腰身都不要有緊繃感。前襟不翹，後身不撅，前後身處在一個水平線上，收腰時看起來要漂亮。

（7）選擇西裝時，還應根據年齡、體型、職業、氣質等特點區別對待。年紀較大、身材較胖的女性應穿一般款式的西裝，而年輕女性應穿新潮些的西裝，以突出青春美。

（8）無論男女西裝，西服的材料以純毛和混紡製品為宜，它四季皆宜而且不易起褶。棉和燈芯絨等質地的西服可以在較冷的季節穿。

3. 其他注意事項

決定要買一件西裝之前，我們必須要想到：

（1）這件衣服到底適不適合你的個人風格與氣

表面功夫要做足

質？

（2）款式、色彩和材料的軟硬薄厚能否修飾你的體型？

（3）你準備什麼場合穿？

（4）你真的喜歡這件衣服嗎？是否真的如你所願？

在商務場合穿對了衣服，能使我們的氣質與形象瞬間提升。

出門前，理好「頭」

頭部位於身體的最上方，居高臨下，佔據十分有利的地理位置，因此也是最引人注目的地方。當你和別人近距離接觸時，頭髮就有可能變成你的「焦點」。但是這個「焦點」究竟該給別人什麼感覺，那就要看你的妙手了。

你的頭髮是你所有修飾中最重要的部分，因為不管你的外套如何變換，頭髮始終跟著你。事實上，我們經常根據頭髮來定義一個人。你是不是經常聽見別人在喊「那個紅頭髮的」或是「那個黃頭髮的」？可見頭髮在一個人形象構成中的地位有多重要了。

你肩膀上的頭皮屑會像沙子一樣閃閃發光，不經意間就會刺痛別人的雙眼直至心底。當你參加一個商務會議，一個客戶初見面或出席一個公共集會時，要確保你外套的肩膀上、衣領上不會有頭皮屑的出現，因為每一個人都會有替你把它撥掉的衝動。而實際上他們卻不能替你撥，只能看著，心裡很不舒服，

表面功夫要做足

這種情緒很有可能影響你們的會面或談判,甚至造成一種無可挽回的損失。簡言之,如果你知道你有頭皮屑,那麼在你參加任何一次公眾活動之前,沒有任何理由不採取一些處理措施。

當漢尼森在人力資源部門工作的時候,最深也是最不好的印象是來自一位35歲的男士。他完全有能力勝任公司實驗室的工作,並且有著很好的性格,但可怕的是,他來面試時候,頭髮凌亂地紮成一束馬尾辮。

主管向他解釋這份工作會經常和客戶打交道,而他大手一揮,語出驚人:「我的打扮沒得商量,老兄!我是一位科學家。」

漢尼森一直想知道這個人後來如何,不過不管怎樣,他的那次面試失敗了。

這個例子告訴我們,一個人的髮型是他儀表美的一部分,頭髮整潔、髮型大方是個人禮儀對髮型美的最基本要求。整潔大方的髮型易給人留下神清氣爽

的印象，而披頭散髮則會給人以委靡不振的感覺。

髮型美是構成社會生活美的一部分。隨著人類審美能力的不斷提高，對髮型美的要求也就越來越多樣化、藝術化。一般來說，髮型本身是無所謂美醜的，只有一個人所選的髮型與自己的臉型、膚色、體型相匹配，與自己的氣質、職業、身份相吻合時方能顯現出真正的美。決定髮型美的許多因素是人所無法隨意改變的，但透過對不同髮型的選擇，可以充分展現自己美的部分而讓人忽視自己的缺陷，從而有著揚長避短的作用。

髮型是令人直接感受到精神及個性的地方。不同的髮型，可以塑造出不同的視覺效果，髮型設計可以使人活潑年輕，也可以讓人變得端莊文雅，有著修飾臉型、協調體型的作用，使人感覺活力充沛或修長高大。

對一個男性藝術家來說，在腦後梳一條馬尾或者是長髮拂面，人們會覺得他特別有藝術家的氣質（當然，頭髮整潔清爽是首要的）；相反，對一般的男性來說，如果頭髮過長，就會讓人感到這個人的修

養不高、氣質不雅。這樣的人在工作中自然也不會一帆風順的，試想有哪個老闆願意一位男士甩著長髮在自己面前晃來晃去呢，更不用說讓他出席一些高級商務場合或參加公司的一些重大活動了。對於一些職場女性來說，在髮型這一部分的限制就相對少很多，但是也要千萬注意，不可盲目跟隨時尚另類，這樣很容易讓人把你往壞的方面想。

髮型在形象中是一種獨特的語言，它更能直觀地表現人的身份、年齡、個性，氣質等特徵。一個適合你的漂亮髮型將會為你增添無限魅力，相反，不論男女，如果你的面容、服飾都很美，一個不合適的髮型就會使你頓失光彩。

給自己一雙美觀又舒適的鞋

乾淨整潔是對鞋子的基本要求，然而要想運用鞋子成功地展現出良好的品味和風度，還需要注意很多細節。

首先，鞋子的款式和色彩要與所穿的服裝樣式相協調。輕柔飄逸的裙衫配造型粗獷的皮鞋就會感覺腳太笨重，身著端莊的西服腳蹬玲瓏的高跟舞鞋，也會使人覺得不倫不類。在正式或半正式場合，男性一般著沒有花紋的黑色平跟皮鞋，女性一般著黑色半高跟皮鞋。露腳趾的皮涼鞋是絕對禁止在高級宴會場合穿著的。旅遊鞋、布鞋、各式時裝鞋與正規的禮服也是不相配的。

其次，要注意的是鞋跟的高度。很多女士都愛穿高跟鞋，但不要穿太高太細的高跟，鞋跟一般不宜超過1.5英寸，以免走路時東搖西擺，步履不穩，影響形象。高跟鞋從來不是為走遠路而發明的。有的女士因為鞋跟過高，走路時胯部的姿勢極不自然，像踩

表面功夫要做足

206

高蹺似的在街上走著。即便是你不喜歡穿著旅遊鞋走在城市的街道上，穿上一雙行走輕便舒服的半高跟鞋也應當是個聰明的主意。尤其是當你需要走很長的路、或者在公眾場合站立相當長的一段時間，一雙漂亮的矮跟鞋子比性感時尚的高跟鞋實用得多。

再次，鞋子切忌成為全身顏色最鮮豔之處，中性色（如黑色、灰色、米色、咖啡色、土黃色）等，可與大多數顏色的服裝相配，永遠是上班族的最佳拍檔。男士的皮包、皮帶和皮鞋應該顏色一致。

第四，皮面、皮裡加皮底的真皮鞋無疑是職業人士的上上之選。真皮皮鞋吸汗、透氣，曲張度好，能給腳部足夠的呼吸空間，穿起來舒適自在，看起來也非常有質感，款型絕對優於布面、假皮等材質。

另外還有一些需要注意的就是：穿拖鞋參加社交或公共活動是極不禮貌的，即使上街閒逛或休閒，也不應該穿拖鞋。

除了進入專門場所等需要脫鞋外，不要當人面把腳從鞋裡伸出來。不管穿哪一種鞋子，既不應該拖地，也不應該跺地，這樣不僅製造噪音、影響別人，也會給別人造成不好的印象。

表面功夫要做足

 適當的淡妝是對個人形象負責的表現

對於女人來說，在正式場合甚至是每天的工作中，都應該適當地化一些淡妝，這不僅是對個人形象負責的態度，也是尊重別人的表現。

化妝的至高境界是自然精緻，沒有明顯的雕琢痕跡，卻有著完美無瑕的面容。如今很流行的裸妝看上去就很自然，下面就來看一看裸妝的化妝技巧吧。

1. 底妝

這是自然妝容的重點，清透、自然是它的基本要求。選擇與皮膚顏色最接近的粉底，肌膚顏色偏黃的人可以選擇帶有紫色或是粉紅色的飾底乳，膚色偏紅的人可以選擇綠色的飾底乳。用手輕拍推勻，最好不要使用化妝海綿，否則容易產生厚重感。在T區用稍亮的粉底提高亮度。

如果你的肌膚上有瑕疵，一定要用遮瑕產品遮蓋，否則就很難給人清透無瑕的肌膚感覺。

2. 眼妝

眼線要緊貼睫毛根部，畫出細細一條，若隱若現即可。後眼角處可適當向後延伸拉長，可以提亮眼神。跟其他彩妝式樣相比，裸妝不求睫毛烏黑濃密，它所看中的是根根分明的自然感。我們在化妝前，可以先取少量睫毛膏，輕刷上睫毛就可以。同樣，裸妝的眼影不宜選用誇張的顏色，可以先用淡咖啡色的眼影分層次打出眼部的立體感，再用米白色提亮眉骨和眼頭。

3. 眉妝和唇妝

描畫眉毛的重點是讓眉頭處盡可能保持原有的形狀，看起來自然為佳。至於嘴唇也是一樣，選擇與唇膏或唇彩顏色相近的唇筆，畫出自己喜歡的唇形，再用唇刷沾上填滿雙唇。

確定了以上妝容，裸妝就大體完工，最後撲點散粉定妝。至於腮紅，可有可無，若是覺得氣色不太好，用淺粉色系腮紅輕輕打一下即可，但不要太多，過多的腮紅會讓人覺得與場合不協調。

表面功夫要做足

　　一個清透自然的妝容可以很好地提升女性形象，讓整個人看起來神采奕奕，還能遮蓋一些皮膚上的小缺點，呈現完美膚質。

飾品為你的形象加分

雖然首飾的作用僅限於裝扮而沒有任何實用價值，但人們對首飾的熱愛卻是從遠古時期就開始了。特別是到了現代，飾品已經成為個人形象必不可少的修飾，起著畫龍點睛的作用。佩戴一款合適的首飾，會提升個人的形象品味甚至是身價，即使是作為比較嚴肅的商務人員，也不能完全遠離首飾。因此瞭解不同場合、不同條件下如何選戴首飾很有必要。

人們最經常佩戴的首飾當屬戒指、項鍊和耳環。

1. 戒指

戒指是愛情的信物、富貴的象徵、吉祥的標誌。在西方國家，戒指是希望、快樂的象徵。琥珀或玉石戒指象徵著幸運；鑽石戒指戴在男性手指上象徵著勇敢與堅定，戴在女性的手指上則象徵著高貴。

戒指就質地而言，有鑽石、金、銀、玉等；就造型來分，有對稱式與不對稱式兩種。

表面功夫要做足

選戴戒指，不同年齡、不同性別、不同身份的人應有所不同。老年人可戴有「壽」字的戒指；男士可選戴方戒、圓戒、名字戒等線條簡潔、款式粗獷的戒指；女士可選擇款式多變、線條柔美、做工精緻、小巧的戒指；商務人員工作時，可以不戴戒指，如果戴時，應選戴黃金、白金、白銀等製作的戒指。若要參加高雅的社交活動，應選擇與時裝、禮服相配套的珠寶鑲嵌的戒指。

戒指是一種無聲的語言，戴在食指上表示想結婚和已經求婚；戴在中指上表示正在戀愛中；戴在無名指上表示已訂婚或結婚；戴在小指上則表示是獨身者。結婚戒指不能用合金製造，必須用純金、純銀或白金製造，以示愛情的純潔。

2. 項鍊

項鍊則是女性最常佩戴的飾品之一。它大致可分為金屬項鍊和珠寶項鍊兩大類。商界女士在選擇項鍊時，應選擇莊重、雅致、不過分粗大的為好，比如質地較好、小巧精緻的金屬項鍊可為理想的選擇。若參加社交活動，則可選擇色澤亮麗、造型美觀的珠寶

項鍊。

項鍊的佩戴要因人而異。脖子細長的人應選戴短項鍊，其長度為40釐米左右；而脖子粗短的人，應選戴細長項鍊，其長度為60釐米左右；一般人可選戴中長項鍊，其長度為50釐米左右。老年人宜選擇質地上乘、做工精細的項鍊，中年人宜選擇工藝性強、質樸典雅的項鍊，青年人則以選顏色好、款式新穎的項鍊為好。

選擇項鍊，還應與穿著的服裝相和諧。衣服輕柔飄逸，項鍊應玲瓏精緻；衣服材料厚實，項鍊要粗大些；衣服顏色單一或顏色素雅，項鍊可選擇鮮豔、醒目之色，如天藍寶石項鍊、紅瑪瑙項鍊等；衣服色彩豔麗，可選擇色澤古樸、典雅的項鍊，如景泰藍、瑪瑙、琺瑯等項鍊。

3. 耳環

傳統的中國女性最注重的首飾就是戒指與項鍊，而對於西方女性來說，也許更看重戒指與耳環。因為她們感覺耳環最能顯示她們的臉孔。一副簡潔的耳環能把一件普通的衣服襯托得更有特色。

表面功夫要做足

　　耳環的選擇主要考慮佩戴者的臉形：圓臉適宜戴各種款式的長耳環或垂墜、耳珠；瓜子臉是最為可人的臉形，應該說幾乎所有造型的耳環都適於選戴，尤以扇形耳環、奶滴形耳環更顯秀麗嫵媚；方臉形的女性可選用富有弧線，線條流暢的圓形、紐形、雞心形、螺旋形耳環，使臉形顯得具有曲線之美。方臉形具有陽剛之氣，因此應選用精緻細巧、造型柔和的中小型耳環。

　　一般膚色白皙的女性適宜戴紅色、綠紅、翡翠綠等色彩較為鮮豔的耳環；皮膚偏黑的女性，宜選用色調柔和的白色、淺藍、天藍、粉紅色耳環；金色耳環適合於各種膚色的人佩戴。

　　耳環的佩戴必須與整體服飾協調一致，服飾色調鮮豔的，耳環色澤宜淡雅或同色調。

　　在各種比較正規的社交場合，如參加宴會、婚禮或慶典儀式，應選用高檔的耳環，如用鑽石、翡翠、寶石鑲嵌的耳環。

我們在佩戴首飾時，最重要的就是要與你的整體搭配協調統一，從而提升你的形象。需要注意的是，首飾貴在精不在多，不要把自己的身上掛滿首飾或者造型很誇張的首飾，那樣只會使你看上去會像個暴發戶。

 # 不經意的細節會破壞你的形象

　　試想這樣的場景，你的鼻毛、體毛像野草一樣富有個性，你的身體總是散發異味，或者當你開口講話時，別人以為你已經幾天沒刷過牙了，等等。這樣別人會有怎樣的反應？其實，你只要換個角度想想，結果便顯而易見，你不喜歡看見別人這樣，那麼別人當然也不喜歡看見你這樣的形象。

　　牙齒是口腔的門面，牙齒的清潔是儀表、儀容美的重要部分，而不潔的牙齒被人認為是交際中的障礙。保持牙齒清潔，首先要堅持每天早晚刷牙，消除口腔細菌、飯渣。刷牙時不要敷衍，應該順著牙縫的方向上下刷，牙齒的各部位都應刷到。如果牙齒上有不易去除的牙垢，或是牙齒發黃，可以去醫院或專業洗牙機構洗牙，以使牙齒看起來更加潔白、健康。此外，不吸煙、不喝濃茶是防牙齒變黃的有效方法。

　　口腔有異味，是很失風範的事。平常最好不吃生蔥、生蒜等帶刺激性氣味的食物。每日早晨，空腹

飲一杯淡鹽水，平時多以淡鹽水漱口，能有效地控制口腔異味。必要時，嚼口香糖可減少異味，但在他人面前嚼口香糖是不禮貌的，特別在與人交談時，更不應嚼口香糖。

人人都明白護理牙齒是件簡單的事，然而，人們在牙齒衛生上犯的錯誤可能要比在其他方面犯的錯誤更多。社會上不少人，他們衣著考究，有著上佳的儀表，但他們唯獨忽視了自己的牙齒。他們沒有意識到，人的儀表中沒有比髒牙、蛀牙，或是缺了一兩顆門牙更糟糕的缺陷了。呼吸當中的惡臭更令人無法忍受，如果知道有這種後果，就沒有人會忽視他的牙齒了。

我們身體的各個部位都可能向外散發出一些「異味」，其中又以腋下、足部、陰部等部位的味道最為濃烈。以腋下為例，即便不是狐臭，在夏天或者運動後，腋下的大汗腺大量分泌，分泌物被細菌分解後就產生不飽和脂肪酸，異味就產生了。此外，人的性別、年齡、種族、飲食習慣，甚至情緒等，都有可能影響到自身的「體味」。正常情況下，這種體味很

表面功夫要做足

微弱，無傷大雅，但如果你身體上的異味非常強烈，就會為你的形象減分很多。

有以下幾種方法可以消除身上的異味：

1. 腋下異味

如果你天生就有狐臭，但是味道不濃烈，或者僅僅是因為容易出汗而導致腋下有異味的話，可以經常換洗衣服，剔除過多腋毛，保持腋下的清爽。飲食上注意少吃或者不吃辛辣類的食物。因為這類食物容易發汗，而且刺激性味道也能透過汗液排出。同樣，能發汗的咖啡、茶等飲品也要少喝，它們含有的咖啡因也能促進排汗。另外，一些止汗噴霧也對消除異味有一定的作用。

但是，如果你的狐臭很濃烈，可以考慮手術去除腋下大汗腺。不過這需要承擔一定的風險，如果腋下異味沒有嚴重影響你的正常社交生活，建議你以清潔為主。

2. 足部異味

足部異味也與汗腺分泌有關，腳氣、腳癬等疾病也會導致異味。如果你的汗腺發達，經常承受腳臭

之苦，就要在細節上多下工夫。選擇純棉材質的襪子，不要選擇化纖等材質的，因為它們不透氣，更容易誘發出汗。鞋子的選擇也是一樣，以透氣為主。經常保持腳部乾爽，勤換鞋襪等也是消除腳部異味的基本方法。

3. 私密處異味

一般來說，女性的私密處更易產生異味。因為女性的私密處是尿道、陰道和肛門的聚合地，更易滋生病菌。而且陰道分泌物多，會使得局部濕度偏高，容易產生異味。

私密處異味有可能是疾病原因，這些情況要找專業醫生諮詢。女性平常也要注意保持私密處的清潔，每天用溫水清潔外陰。不要穿過緊的內褲，經期更要每日更換內褲，並用開水燙煮消毒。

另外一個可能產生異味的地方是——肚臍眼。這個部位經常被人們忽略，其實肚臍與身體內部相連，裡面很容易堆積汙物，把它清洗乾淨十分必要。不過，因為肚臍周圍的肌膚比較細嫩，所以清洗時動作要輕柔。沐浴後，用乾淨的乾毛巾把肚臍內殘留的

表面功夫要做足

水分擦乾,就能避免肚臍發出難聞的異味了。

我們在平時應多多注意這樣的小地方,這樣你的形象才更健康、更受人喜愛。

永續圖書
線上購物網

www.foreverbooks.com.tw

◆ 加入會員即享活動及會員折扣。

◆ 每月均有優惠活動，期期不同。

◆ 新加入會員三天內訂購書籍不限本數金額，
　 即贈送精選書籍一本。（依網站標示為主）

專業圖書發行、書局經銷、圖書出版

永續圖書總代理：
五觀藝術出版社、培育文化、棋茵出版社、達觀出版社、可
道書坊、白橡文化、大拓文化、讀品文化、雅典文化、知音
人文化、手藝家出版社、璞珅文化

活動期內，永續圖書將保留變更或終止該活動之權利及最終決定權。

謝謝您購買這本書。
為加強對讀者的服務，請您詳細填寫本卡，寄回**讀品**
文化，並將務必留下您的E-mail帳號，我們會主動將
最近「好康」的促銷活動告訴您，保證值回票價。

書　　名：20幾歲,早知道早幸福
購買書店：＿＿＿＿＿＿市／縣＿＿＿＿＿＿書店
姓　　名：＿＿＿＿＿＿＿＿＿＿＿
身分證字號：＿＿＿＿＿＿＿
電　　話：(私) ＿＿＿＿＿ (公) ＿＿＿＿＿ (傳真) ＿＿＿＿＿
E-mail ：＿＿＿＿＿＿＿＿＿＿＿＿＿＿＿＿＿
地　　址：□□□ ＿＿＿＿＿＿＿＿＿＿＿＿＿＿＿
年　　齡：□20歲以下　□21歲～30歲　□31歲～40歲
　　　　　□41歲～50歲　□51歲以上
性　　別：□男　□女　　婚姻：□已婚　□單身
生　　日：＿＿＿年＿＿月＿＿日
職　　業：□學生　　□大眾傳播　□自由業　□資訊業
　　　　　□金融業　□銷售業　　□服務業　□教
　　　　　□軍警　　□製造業　　□公　　　□其他
教育程度：□國中以下（含國中）　□高中以下
　　　　　□大專　　□研究所以上
職 位 別：□在學中　□負責人　□高階主管　□中級主管
　　　　　□一般職員□專業人員
職 務 別：□學生　　□管理　　□行銷　　□創意　□人事、行政
　　　　　□財務、法務　　　　□生產　　□工程
您從何得知本書消息？
　　　　　□逛書店　　□報紙廣告　□親友介紹
　　　　　□出版書訊　□廣告信函　□廣播節目
　　　　　□電視節目　□銷售人員推薦
　　　　　□其他
您通常以何種方式購書？
　　　　　□逛書店　　□劃撥郵購　□電話訂購　□傳真訂購
　　　　　□團體訂購　□信用卡　　□DM　　　　□其他
看完本書後，您喜歡本書的理由？
　　　　　□內容符合期待　□文筆流暢　□具實用性　□插圖
　　　　　□版面、字體安排適當　　□內容充實
　　　　　□其他
看完本書後，您不喜歡本書的理由？
　　　　　□內容不符合期待　□文筆欠佳　　□內容平平
　　　　　□版面、圖片、字體不適合閱讀　□觀念保守
　　　　　□其他＿＿＿＿＿＿＿＿＿＿＿＿＿＿＿
您的建議
＿＿＿＿＿＿＿＿＿＿＿＿＿＿＿＿＿＿＿＿＿＿＿
＿＿＿＿＿＿＿＿＿＿＿＿＿＿＿＿＿＿＿＿＿＿＿

廣　告　回　信
基隆郵局登記證
基隆廣字第 55 號

221-03

新北市汐止區大同路三段 194 號 9 樓之 1

讀品文化事業有限公司

編輯部　收

讀品文化
Spirit Surprise

為你開啟知識之殿堂